U0585501

我国地方交易场所的发展与治理

徐小磊　著

中国金融出版社

责任编辑：吕　楠
责任校对：孙　蕊
责任印制：陈晓川

图书在版编目（CIP）数据

我国地方交易场所的发展与治理／徐小磊著．—北京：中国金融出版
社，2019.9
ISBN 978－7－5220－0203－3

Ⅰ.①我…　Ⅱ.①徐…　Ⅲ.①地方金融—金融交易—研究—中国
Ⅳ.①F832.7

中国版本图书馆 CIP 数据核字（2019）第 156852 号

我国地方交易场所的发展与治理
Woguo Difang Jiaoyi Changsuo de Fazhan yu Zhili

出版
发行　**中国金融出版社**

社址　北京市丰台区益泽路 2 号
市场开发部　（010）63266347，63805472，63439533（传真）
网上书店　http://www.chinafph.com
　　　　　　（010）63286832，63365686（传真）
读者服务部　（010）66070833，62568380
邮编　100071
经销　新华书店
印刷　保利达印务有限公司
尺寸　169 毫米×239 毫米
印张　9.5
字数　148 千
版次　2019 年 9 月第 1 版
印次　2019 年 9 月第 1 次印刷
定价　59.00 元
ISBN 978－7－5220－0203－3
如出现印装错误本社负责调换　联系电话(010)63263947

Preface 前　言

　　自 1988 年我国首家地方交易场所诞生，三十年来，行业发展经历了几起几落，曾在特殊历史阶段完成重要使命的地方交易场所，目前形成了场所类别众多、交易品种多样的复杂局面。

　　地方交易所与沪深交易所等国家级的金融标准化的交易所有所不同，它特指地方政府批准设立与监管的非标、非公众、区域性的要素交易场所。1988 年 3 月，第七届全国人大一次会议《政府工作报告》提出，实行企业产权有条件的有偿转让，使闲置或利用率不高的资产得到充分利用。至此，企业产权有偿转让得到中央政府认可。1988 年 5 月，武汉市企业兼并市场事务所成立，我国产权交易市场由此正式诞生，标志着地方交易所的历史起点。到 1994 年，全国成立 170 余家产权交易机构，主要服务于国有产权转让和企业股票流转。但由于缺乏政策引导和有效监管，部分产权交易机构逐渐变成了股票交易柜台市场，在一定程度上扰乱了金融秩序。当年 4 月，《国务院办公厅关于加强国有企业产权交易管理的通知》（国办发明电〔1994〕12 号）发布，要求停止国有产权交易活动，这个行业迎来第一次清理整顿与低潮。1997 年 11 月，受亚洲金融危机影响，全国金融工作会议决定对涉嫌场外非法股票交易的产权交易机构进行清理整顿；次年 3 月，国务院办公厅向各地转发了证监会提出的清理整顿方案，多地产权交易市场被关闭，除北京、上海等城市相对规范的少数产权交易机构外，行业几乎停摆。这个行业迎来第二次清理整顿与低潮。2002—2004年，国务院国有资产管理委员会（以下简称国资委）成立，它肩负着数以万亿计的国有资产、国有产权如何流转的历史性任务。国资委联合财政部颁布了《企业国有产权转让管理暂行办法》（3 号令），并在此基础上形成一套完整的企业国有产权转让制度，促进产权市场的空前繁荣。此后，通过一系列的制度安排和实践探索，中国的产权市场通过十几年发展日渐完善。2008—2012 年，《企业国有资产法》颁布、中国国有产权交易机构协会成立，在各地方政府的支持下，全国性地方交易所的快速扩张阶段到来。

与此同时，地方交易场所的快速发展也带来一些问题，涉嫌非法期货、非法证券甚至涉嫌聚众赌博的业务。本书对当前我国地方交易场所进行监测、分析、归纳和总结，力图完整呈现我国地方交易场所当前全貌和最新动态。

本书主要分为五个章节，第一章为地方交易场所发展背景，主要阐述了我国地方交易场所的起源、兴起和出现的问题，并对地方交易场所主要政策文件进行梳理；第二章为地方交易场所态势分析，主要阐述我国地方交易场所宏观态势情况，包括地域分布、经营主体和用户、网站及 APP 分析等；第三章为地方交易场所风险分析，主要阐述地方交易场所的舆情情况、ICP 未备案情况、无机构注册地及命中违规关键词等；第四章为重点类别交易场所分析，包括微盘交易平台、金融资产交易场所、贵金属交易场所和邮币卡类交易场所四类重点类别交易场所的情况；第五章为地方交易场所治理相关问题及建议，基于地方交易场所当前形势，结合国家相关部门职能和业内人士建议，对地方交易场所的顶层设计、监管主体、政策方向及监管环节等进行归纳总结。

在本书编写过程中，邢凯、郭舒心参与了大量的数据核查、材料整理等工作，在此表示诚挚感谢。同时，本书基于网络爬虫、大数据分析等技术手段获取和分析地方交易场所数据，并参阅了大量政策法规文件、相关文献，在此向相关方致谢。由于编者水平有限及网络数据的庞大繁杂，书中难免有错误和疏漏之处，恳请大家批评指正。

Contents 目　录▌

第一章　地方交易场所发展背景 ……………………………… 1

　　1.1　地方交易场所起源 …………………………… 1

　　1.2　地方交易场所兴起 …………………………… 2

　　1.3　地方交易场所乱象 …………………………… 4

　　1.4　地方交易场所整顿 …………………………… 7

第二章　地方交易场所态势分析 ……………………………… 20

　　2.1　平台总量 ……………………………………… 20

　　2.2　名单内交易场所情况分析 …………………… 22

　　2.3　名单外交易场所情况分析 …………………… 34

第三章　地方交易场所风险分析 ……………………………… 56

　　3.1　舆情情况分析 ………………………………… 56

　　3.2　ICP 未备案情况分析 ………………………… 60

　　3.3　无注册地情况分析 …………………………… 62

　　3.4　机构注册地与网站备案地址不一致的情况分析 ………… 63

　　3.5　服务器在境外以及港澳台地区的情况分析 ………… 66

　　3.6　关键词爬取分析 ……………………………… 71

第四章　重点类别交易场所分析 ·············· 115

　　4.1　微盘交易平台 ····················· 115

　　4.2　金融资产交易场所 ················· 119

　　4.3　贵金属交易场所 ··················· 126

　　4.4　邮币卡类交易场所 ················· 130

第五章　地方交易场所治理相关问题及建议 ····· 136

　　5.1　加强地方交易场所顶层设计 ········· 137

　　5.2　建立统一市场监管主体 ············· 138

　　5.3　推动整合地方交易场所 ············· 139

　　5.4　全方位治理地方交易场所 ··········· 140

　　5.5　运用技术手段管理地方交易场所 ····· 141

参考文献 ····························· 143

第一章　地方交易场所发展背景

地方交易场所是为服务实体经济发展的需要而产生的，它的基本功能是为市场参与者提供平等、透明的交易机会，促进要素和商品的有序流转和公平交易，具有较强的社会性和公开性，需要依法规范管理，确保安全运行。

1.1　地方交易场所起源

我国首家地方交易场所是 1988 年 5 月设立的武汉市企业兼并市场事务所，这是国内第一家产权交易市场，是地方交易场所的起源。20 世纪 90 年代初期，全国范围内涌现了一批涉及国有产权交易的地方交易场所。与此同时，国家期货研究工作领导小组提出期货市场初期"一个发展，两个改造"的发展模式，要求批发市场立足现货市场，大力发展有保障的远期合同，引进期货机制，改造远期合同，改造批发市场，使远期合同逐步规范化、标准化，便于转让，待条件成熟逐步向期货市场过渡。1990 年 10 月 12 日，郑州粮食批发市场应运而生，之后，苏州、上海、深圳等几家交易所相继成立，并推出期货交易业务。由于在当时期货市场能够吸引大量资金，带动当地经济发展，并且还有客观的手续费收入，吸引许多地方纷纷效仿兴建期货交易所。于是在 20 世纪 90 年代初期，我国期货交易所从无到有，发展十分迅速。

1993 年，地方交易场所发展迎来了分水岭。1993 年 11 月 4 日，国务院下发《国务院关于坚决制止期货市场盲目发展的通知》。1994 年 5 月 16 日，《转发国务院证券委员会关于坚决制止期货市场盲目发展若干意见请示的通知》，期货交易市场清理整顿开始，现货批发市场开始向大宗商品中远期合同交易发展。发展初期，存在由中远期合同交易向标准化合约交易，也就是向期货交易过渡的现象。对此，1994 年 12 月 15 日，国内贸易部颁发《批发市场管理办法》，规定要严格控制批发市场进行中远期合同竞价交易。批发市场进行中远期合同竞价交易或由即期交易转为中远期合同竞价交易，必须经国内贸易部批准。办法施行后，仍然存在部分交易所和批发市场没有按照要求进行现货交易，而是继续从事期货交易，导致市场出现了大户联手操纵、价格人为抬高的局面，严重干扰了期货交易正常运行，也给现货市场带来很大冲击。对此，1995年3月28日，由冶金部、煤炭工业部、国家经济贸易委员会、对外经济贸易部、有色工业总公司、证监会和国内贸易部七家单位共同下发的《关于暂停中远期合同交易的通知》规定："自本通知发布之日起，暂停所有商品中远期合同交易。已经开展中远期合同交易的批发市场和期货交易所，未平仓合同可在合同到期前平仓或在交割日进行实物交割，一律不得再推出新的中远期合同"来整顿期货类交易。

到了1998年，《关于加强现货仓单交易市场管理的通知》中提出"现货仓单管理是以商品现货仓单为交易标的，通过计算机网络组织的同货异地同步交易，市场统一结算的交易方式，是我国现货商品交易的新事务"。该通知重新允许开展大宗商品中远期合同交易，并明确国内贸易部为这类市场的主管部门。之后，虽然大宗商品交易场所发展相对较为低迷，但随着市场经济改革的深入，市场对于大宗商品现货交易市场的需求不断凸显。1996年吉林省钢材交易市场、昆明市商品中心批发市场开业，1997年华远商品交易市场在北京开业。1999年10月全国棉花交易市场开始试运行，2000年设立了海南橡胶市场。

同样，20世纪90年代的产权交易场所也面临清理整顿。1994年国务院办公厅发出《关于加强国有产权交易管理》的通知，暂停产权市场活动，到1997年，受亚洲金融危机影响，全国金融工作会议决定对涉嫌场外非法股票交易的产权交易机构进行清理整顿。两次整顿后，全国产权类交易场所行业几乎停摆。

1.2　地方交易场所兴起

2000年之后，地方交易场所发展迎来了转折。

2003 年，为了解决国有资产流转的实际问题，确保国有资产的保值增值，杜绝国有资产流失，国务院国资委成立。国资委成立后，面临着规模以万亿计的国有资产、国有产权流转问题，各相关管理单位通过压缩产权流转的行政处置空间，高强度高质量地披露国有产权流转信息，以及通过有效的市场价格竞争机制，建立了合理有效的产权市场，解决了国有产权流转的基本问题，包括产权该不该流转，以什么方式流转，该到哪里流转，谁有资格来购买，采取什么样的竞争方式，以什么价格成交，等等，确保了国有资产的保值增值，杜绝了国有资产流失。同时成立全国性的行业协会——中国国有产权交易机构协会，也形成了一定规模的市场。这成为中国地方交易所历史上真正意义的引爆点。

21 世纪初期，中国建设市场经济体系还不到 30 年，尚处在市场经济的起步阶段，市场体系还不完备，缝隙很多，跟地方的结合还存在很大空间。此外，跟实体经济的需求相比，金融体系对实体经济的支持略显单薄，很多地方的行业需求与特殊的区域要求都没有得到满足。地方交易场所依托这样的市场背景，成为金融支持实体经济所需要的特定通道与工具，也就是行业性、区域性的市场平台。又因为地方政府金融事权有限，问责的属地化，使得地方政府对交易市场一直萦绕于心，以及政绩驱动下的地方政府存在攀比心态，导致各地竞相设立地方交易场所；而在中央，有关部委也一直积极支持地方利用资本市场来推动产业的发展；此外，地方交易场所出于自身发展需要，也一直在努力扩大行业发展。正是这几股力量共同作用，使地方资产交易场所成为中国特色资本市场的重要组成部分。

于是，有了"国资委"成立的爆点，依托各级政府，借着中国经济发展的东风，中国地方资产交易场所进入了蓬勃发展阶段。从 2008 年开始到 2012 年，全国性的地方交易所快速扩张，沿着权益市场、商品市场、金融市场的路径迅速扩展。2008 年 8 月 5 日北京环境交易所揭牌，2009 年 8 月 13 日中国技术交易所揭牌，2009 年 11 月 23 日中国林权交易所揭牌，2010 年 5 月 30 日北京金融交易所揭牌，这也是真正意义上国内第一家金融资产交易所。

目前，地方交易场所基本可分成三大类，权益类、大宗商品类和其他类。截至目前，网络上共监测发现全国范围内有近千家地方资产交易场所平台，涉及近千家地方资产交易场所机构。其中，大宗商品交易平台比重最大，占比达到 53.4%，权益类交易平台占比 44.8%，其他类占比 1.8%。

1.3　地方交易场所乱象

伴随着全国性的地方交易场所快速扩张，也暴露出了巨大的行业发展问题。专业知识缺乏，长期监管缺位，加上腐败和寻租，最终必然导致地方资产交易场所问题频出。比如涉嫌非法集资、非法设"对赌局"交易、"集合竞价"炒作交易和违规发行债券等。

1.3.1　部分交易场所涉嫌非法集资

2019 年 3 月 22 日，云南省昆明市中级人民法院公开开庭对昆明泛亚有色公司进行一审宣判，以非法吸收公众存款罪，对昆明泛亚有色公司判处罚金 10 亿元人民币。

几年前，泛亚依靠省级政府大力扶持，以金融创新和兴办区域性金融市场为由，获得眼花缭乱的官方背景，各路名流站台为其背书。当时，泛亚声称在为国家收储金属铟，囤积居奇，待垄断市场和价格后抬高物价。且以 12% 的高息理财为诱饵，标榜零风险，资金随进随出，不收手续费。事实上，铟在国内的需求量每年只有 20 吨，泛亚收储 3600 吨，150 年都用不完。泛亚天真地以为，当收储到一定程度、囤积居奇的时候，就能主导价格。它还双线敛财，推出一款和自家交易所挂钩的互联网金融产品——日金宝，宣称年化收益率达到 13%，诱导普通民众买入。最后，20 多个城市、22 万人、430 亿元资金加入，最终资金链条断裂，多地投资人聚集声讨，这个"全球最大的稀有金属交易所"的庞氏骗局最终被引爆。

显然，在整个操作过程中，泛亚没有严格地规范自己的运作，将巨额资金挪作他用，加上铟价暴跌，以致资金链断裂。而此间泛亚不断变更交易规则，在自己的平台上对赌坐庄，自买自卖，做大交易量，给投资人"画饼"美好未来和高投资回报，所有的障眼法都是为了保证流动性不出问题，但死扛到最后终于油尽灯枯，神话破灭。

1.3.2　部分地方交易场所设"对赌局"交易

2016 年 3 月，央视《焦点访谈》曝光了北京石油交易所交易的"现货石油交易"黑幕，引发市场震动，众多投资者被卷入现货石油交易骗局。

央视记者调查发现，这类骗局的路径是：交易所成立电子交易平台，发展会员单位，会员单位的指导"老师"们再发展投资者开户。但是投资者不知道的是，他们的交易对手其实就是拉他们入局的会员单位。这些搭建的所谓"平台"，打着现货石油、黄金、白银等交易的旗号，以高额回报忽悠不明真相的投资者进入，一边诱骗投资者频繁买卖以赚取巨额手续费，一边违法违规与投资者进行对赌交易，使投资者血本无归。投资者巨额亏损的背后，会员单位却赚得"盆满钵满"。

大宗商品交易所在全国范围内蓬勃发展，尤其西部一些欠发达地区都已经开设了类似的区域性交易所，基于当地的特色资源，比如农产品、矿产、药材等开展交易。这些品种比起贵金属、原油等大宗商品交易的"常客"，正规投资渠道更少，投资者认识更不充分，因此往往更容易上当受骗。

1.3.3　部分地方交易场所利用"集合竞价"炒作交易

2017 年 1 月，《北京商报》报道，北京新视觉收藏文化有限公司哄骗投资者，称一款邮票"日收益 3% 且一再承诺没有任何风险"，然而投资者在购买后，却在一个月里亏掉了 56% 的本金。据悉，该公司是河北邮币卡交易中心的会员单位。

一位从事邮币卡交易的人士透露，这个行业的监管缺失严重，因为邮票属于收藏品，其价格上涨的原理就是炒作，而炒作资金的来源就是"不断被骗入局的散户"。具体招徕散户的人员，就是各邮币卡公司的销售员，这些人员的入职门槛普遍很低，只要学会一定的话术，通过 QQ、微信等渠道"病毒式"散播信息招徕散户投资，有的人员甚至可以摇身一变成为"老师"。

按照收藏品的炒作模式进行投资是合理的，问题在于很多销售员在宣传过程中，对投资者的风险告知并不到位，甚至胡乱进行收益保证，而邮币卡的高杠杆风险往往是普通投资者根本认识不到的。据从业人士介绍，地方监管机构对于这种情况的监察力度明显不足。公开资料也显示，过去一年半内，全国多地都出现过投资邮币卡导致血本无归的事件，邮币卡电子盘已被业内称为"十入九亏的高风险游戏"。

1.3.4 部分地方交易所违规发行债券

2016年12月底，侨兴集团旗下侨兴电讯、侨兴电信两家公司的私募债券产品无法按时还款，浙商财险、广发银行、招财宝、众安保险等金融机构和平台陷入其中。侨兴债兑付风波，牵出俗称"四板"的区域性股权交易市场的乱象，由于交易所不负责任的背书，投资者根本不知道自己买到的是披着理财产品外衣的"垃圾债"。有业内人士指出，部分区域性交易所开始将企业的私募债打造成资产包发行、拆分，再通过线上渠道完成募集。这一模式属于非标准化的类资产证券化业务。简单地说，区域交易所就是产品的"货源"。

在区域交易所发行中小企业私募债门槛极低，对发行人没有净资产和盈利能力的要求，只需由"推荐商"（因为区域股权交易中心没有承销商制度）向交易所备案即可。交易所对报送材料只进行完备性审核，不对材料具体内容做实质性审核。同时，发行的债券不需要经过评级，这令很多中小企业趋之若鹜。

在企业找到区域交易所发行私募债后，下一步就是交易所对债券进行包装并销售。根据相关规定，参与私募债券认购和转让的合格投资者，应是持牌的私募基金或者其他持牌金融机构，对个人投资者来说，投资公司私募债的门槛是个人金融资产达到300万元以上。而互联网金融机构和区域交易所则可以联手绕开这个规定。招财宝披露的信息显示，该平台曾发行的重庆股份转让中心旗下私募债权"15经开投债"，债权方发行人为地方融资平台重庆长寿经济技术开发区开发投资集团，每期发行规模仅200万元，而认购门槛也仅1万元。这种"区域股权交易中心＋互联网平台"进行"大拆小"的违规行为，变相扩大投资者范围。

这些交易场所暴露的问题，使投资者权益和资金案件无法得到有效保护，侵害广大投资者利益，不仅极易引发金融风险，还带来大量的信访投诉问题，影响社会稳定，损害社会公共利益。

1.4 地方交易场所整顿

鉴于国内地方交易场所存在的管理乱象，为了整治地方交易场所设立和交易活动中的违法违规问题，政府陆续出台了一系列相关政策文件，以建立健全地方交易场所监管体系。本节将地方交易场所相关部分政策文件分成国务院文件、联席会议及证监会文件、联席会议部分成员单位文件进行梳理，通过梳理，可以帮助了解地方交易场所的监管范围、打击对象以及清理整顿现状。

表 1—1 监管地方交易场所的部分相关政策

发布日期	政策名称	历史意义
2011 年 11 月 11 日	《国务院关于清理整顿各类交易场所切实防范金融风险的决定》（国发〔2011〕38 号，以下简称 38 号文）	第二次清理整顿地方交易场所的起点，明确了监管责任和监管红线
2011 年 12 月 20 日	《中国人民银行 公安部 工商总局 银监会 证监会关于加强黄金交易所或从事黄金交易平台管理的通知》（银发〔2011〕301 号）	依据"38 号文"，明确指出除上海黄金交易所和上海期货交易所外，任何地方、机构或个人均不得设立黄金交易所（交易中心），也不得在其他交易场所（交易中心）内设立黄金交易平台
2011 年 12 月 30 日	《中共中央宣传部 商务部 文化部 国家广播电影电视总局 新闻出版总署关于贯彻落实国务院决定加强文化产权交易和艺术品交易管理的意见》（中宣发〔2011〕49 号）	依据"38 号文"，明确了文化产权交易范围，明确了文化产权交易的监管红线
2012 年 1 月 10 日	《国务院关于同意建立清理整顿各类交易场所部际联席会议制度的批复》（国函〔2012〕3 号）	清理整顿各类交易场所部际联席会议正式成立
2012 年 2 月 24 日	《商务部关于贯彻落实国务院决定推动大宗商品市场有序转型的通知》（商建发〔2012〕59 号）	依据"38 号文"，明确了大宗商品交易场所的清理整顿政策

续表

发布日期	政策名称	历史意义
2012 年 7 月 12 日	《国务院办公厅关于清理整顿各类交易场所的实施意见》（国办发〔2012〕37 号，以下简称 37 号文）	在"38 号文"基础上，准确界定清理整顿范围，明确了清理整顿的"七不得"界限，是"38 号文"的具体化
2012 年 8 月 23 日	《关于规范证券公司参与区域性股权交易市场的指导意见（试行）》（证监会公告〔2012〕20 号）	依据"38 号文""37 号文"，明确了证券公司参与区域性股权交易市场的具体要求
2013 年 10 月	《银监会办公厅关于提请关注近期清理整顿交易场所各类风险的函》（银监办便函〔2013〕721 号）	依据"37 号文"，明确指出"未批准任何一家金融资产交易所从事信贷资产（债权）交易业务，商业银行在此类交易所开展委托债权交易和信贷资产转让业务均属违规行为"
2013 年 11 月 8 日	《商品现货市场交易特别规定（试行）》（商务部、中国人民银行、证监会令〔2013〕3 号）	依据"38 号文""37 号文"给出了商品现货市场的定义，确定了商品现货市场交易对象和交易方式
2013 年 12 月 31 日	《关于做好商品现货市场非法期货交易活动认定有关工作的通知》（证监办发〔2013〕111 号）	依据"38 号文""37 号文"，明确规定了商品现货市场非法期货交易的认定对象及内容、认定标准
2017 年 2 月 11 日	《关于印发〈清理整顿各类交易场所部际联席会议第三次会议纪要〉的通知》（清整联办〔2017〕30 号，以下简称 30 号文）	第三次清理整顿地方交易场所的开始；对交易场所清理整顿工作提出了明确的时间节点和有关要求
2017 年 3 月 17 日	《关于做好清理整顿各类交易场所"回头看"前期阶段有关工作的通知》（清整联办〔2017〕31 号，以下简称 31 号文）	针对"30 号文"提出了具体的清理整顿措施，并以附件形式对地方交易场所主要违规交易模式、违规问题、整治措施作出了详尽介绍
2017 年 8 月 2 日	《关于印发〈邮币卡类交易场所清理整顿工作专题会议纪要〉的通知》（清整联办〔2017〕49 号）	依据"30 号文""31 号文"，明确指出邮币卡类的现货发售模式严重违规

发布日期	政策名称	历史意义
2018 年 4 月 11 日	《关于印发〈阎庆民同志在清理整顿各类交易场所"回头看"后续工作会议上的讲话〉的通知》（清整联办〔2018〕1 号）	是对 2017 年清理整顿"回头看"工作的总结，并安排部署了"回头看"后续工作
2018 年 11 月 1 日	《关于印发〈关于稳妥处置地方交易场所遗留问题和风险的意见〉的通知》（清整联办〔2018〕2 号）	推动解决 2017 年清理整顿工作的遗留问题，明确限定了金融资产类交易场所的交易范围
2019 年 1 月 29 日	《关于三年攻坚战期间地方交易场所清理整顿有关问题的通知》（清整办函〔2019〕35 号，以下简称 35 号文）	针对清整联办〔2018〕2 号文，解决了各地实施中的实际困难，且明确了金融资产类交易场所"能做""不能做"的底线

1.4.1 国务院文件

针对上述提到的地方交易场所各种违法违规乱象，国务院十分重视，出台了许多文件，要求各级政府做好清理整顿各类交易场所和规范市场秩序的各项工作。其中"38 号文""37 号文"是最重要的两个文件，因为这两个文件明确了地方交易场所的清理整顿范围，确定了监管责任和监管红线，可以说是其他地方交易场所相关文件的制定依据。

（1）《国务院关于清理整顿各类交易场所切实防范金融风险的决定》

2011 年 11 月 11 日，国务院出台了《国务院关于清理整顿各类交易场所切实防范金融风险的决定》（国发〔2011〕38 号，以下简称 38 号文）。明确了大家比较关注的政策问题，对清理整顿工作具有重要的指导意义。

"38 号文"明确规定了：

①除依法设立的证券交易所或国务院批准的从事金融产品交易的交易场所外，任何交易场所均不得将任何权益拆分为均等份额公开发行，不得采取集中竞价、做市商等集中交易方式进行交易；不得将权益按照标准化交易单位持续挂牌交易，任何投资者买入后卖出或卖出后买入同一交易品种的时间间隔不得少于 5 个交易日；除法律、行政法规另有规定外，权益持有人累计不得超过 200 人。

②除依法经国务院或国务院期货监管机构批准设立从事期货交易的交易场所外，任何单位一律不得以集中竞价、电子撮合、匿名交易、做市商等集中交易方式进行标准化合约交易。

③从事保险、信贷、黄金等金融产品交易的交易场所，必须经国务院相关金融管理部门批准设立。

④为规范交易场所名称，凡使用"交易所"字样的交易场所，除经国务院或国务院金融管理部门批准的外，必须报省级人民政府批准；省级人民政府批准前，应征求联席会议意见。未按上述规定批准设立或违反上述规定在名称中使用"交易所"字样的交易场所，工商部门不得为其办理工商登记。

"38号文"还提出了建立由证监会牵头，有关部门参加的"清理整顿各类交易场所部际联席会议"制度。联席会议的主要任务是，统筹协调有关部门和省级人民政府清理整顿违法证券期货交易工作，督导建立对各类交易场所和交易产品的规范管理制度，完成国务院交办的其他事项。"38号文"还确定了各交易场所的监管责任：对经国务院或国务院金融管理部门批准设立从事金融产品交易的交易场所，由国务院金融管理部门负责日常监管。其他交易场所均由省级人民政府按照属地管理原则负责监管。

(2)《关于清理整顿各类交易场所的实施意见》

2012年7月12日，国务院办公厅发布了《关于清理整顿各类交易场所的实施意见》（国办发〔2012〕37号）。作为清理整顿配套文件，"37号文"着眼于实践工作需要，准确界定清理整顿范围，突出重点，增强清理整顿各类交易场所工作的针对性、有效性。

"37号文"明确界定清理整顿的范围包括从事权益类交易、大宗商品中远期交易以及其他标准化合约的各类交易场所，包括名称中未使用"交易所"字样的交易场所。权益类交易包括产权、股权、债权、林权、矿权、知识产权、文化艺术品权益及金融资产权益等交易；大宗商品中远期交易，是指以大宗商品的标准化合约为交易对象，采用电子化集中交易方式，允许交易者以对冲平仓方式了结交易而不以实物交收为目的或不必交割实物的标准化合约交易；其他标准化合约，包括以有价证券、利率、汇率、指数、碳排放权、排污权等为标的物的标准化合约。

此外，"37号文"根据"38号文"对交易场所业务的合规性作出了更加明确、具体的规定。不仅包括"38号文"所规定的"六不得"，还规定：商业银行、证券公司、期货公司、保险公司、信托投资公司等金融机构不得为违反上述规定的交易场所提供承销、开户、托管、资产划转、代理买卖、投资咨询、保险等服务；已提供服务的金融机构，要按照相关金融管理部门的要求开展自查自清，并做好善后工作。

相较"38号文""37号文"对清理整顿工作中涉及的许多问题作出了明确规定，地方政府和有关部门的监管责任更加清晰。而且，"37号文"对清理整顿工作的时间、程序、步骤、标准都做了更具体、更明确的要求。

1.4.2 联席会议及证监会文件

2012年1月10日，《国务院关于同意建立清理整顿各类交易场所部际联席会议制度的批复》（国函〔2012〕3号）发布，为贯彻落实"38号文"，同意建立清理整顿各类交易场所部际联席会议（以下简称联席会议）制度。联席会议由证监会牵头，发展改革委、科技部、工业和信息化部、公安部、监察部、财政部、国土资源部、环境保护部、农业部、商务部、文化部、人民银行、国资委、工商总局、广电总局、林业局、知识产权局、法制办、银监会、保监会，以及中央宣传部、最高人民法院、最高人民检察院等有关单位参加。联席会议召集人由证监会有关负责人担任，各成员单位有关负责人为联席会议成员。联席会议办公室设在证监会，承担日常工作，落实联席会议的有关决定。联席会议联络员由成员单位有关司局负责人担任。

联席会议和证监会在国务院文件的基础上，针对各类地方交易场所存在的问题，出台具体的监管政策文件，统筹监管各级地方政府做好具体的清理整顿工作。

（1）《关于规范证券公司参与区域性股权交易市场的指导意见》

为了繁荣地方实体经济，推动区域性股权交易市场健康发展，引导证券公司规范参与区域性股权交易市场的相关业务，更好地为企业特别是中小微企业提供股权交易和融资服务，证监会在"38号文""37号文"基础上，制定了《关于规范证券公司参与区域性股权交易市场的指导意见》（以下简称《指导意见》），作为配套政策为区域性市场提供业务指导和服务。《指导意见》中对于证券公司参与的区域性市场作出了九点明确要求，并对证券公司参与区域性股权交易市场做了明确、细致的规定。

（2）《关于做好商品现货市场非法期货交易活动认定有关工作的通知》

商品现货市场非法期货交易活动被认为是清理整顿各类交易场所工作的重要内容。2013 年 12 月 31 日，证监会办公厅下发了《关于做好商品现货市场非法期货交易活动认定有关工作的通知》，根据"38 号文""37 号文"的有关规定，在附件中明确了商品现货市场非法期货交易的认定标准：就目的要件而言，主要是以标准化合约为交易对象，允许交易者以对冲平仓方式了结交易，并且采取集中交易方式进行交易。

（3）第三次清理整顿开展后清理整顿各类交易场所办公室（以下简称清整办）相关文件

进入 2017 年，由于部分交易场所违规现象死灰复燃，而且违法违规手法花样百出。尤其，"禁止买入后 5 个交易日内挂牌卖出同一交易品种或在卖出后 5 个交易日内挂牌买入同一交易品种"（T+5 原则）、"不得以集中交易方式进行标准化合约交易"等监管红线，一直未被交易市场所接受，存在的问题和风险隐患较大。

1）清理整顿各类交易场所部际联席会议办公室（以下简称清整联办）

2017 年 1 月 9 日，清理整顿各类交易场所部际联席会议第三次会议在北京召开，这是联席会议时隔五年的再次召开。2 月 11 日，清整联办下发《关于印发〈清理整顿各类交易场所部际联席会议第三次会议纪要〉的通知》（清整联办〔2017〕30 号，以下简称 30 号文），"30 号文"的下发，拉开了新一轮对地方交易场所的清理整顿工作的序幕。"30 号文"对于各地清理整顿工作提出了明确的时间节点要求。

2）清整联办"31 号文"

2017 年 3 月 17 日，清整联办下发《关于做好清理整顿各类交易场所"回头看"前期阶段有关工作的通知》（清整联办〔2017〕31 号，以下简称 31 号文）。"31 号文"是"30 号文"的具体延伸，要求交易场所限制违规业务增量，在"五停止"（停止开新户、停止开新仓、停止上市新品种、停止增会员、停止业务宣传）基础上，限期采取措施逐步压缩存量、化解风险。交易场所应每日报告客户数量、交易额、交易品种及整改等情况；按照"30 号文"要求各省级人民政府对辖区内交易场所会员、代理商、授权服务机构等比照分支机构进行清理整顿；各省级人民政府对"微盘"交易名单中涉及本辖区的交易平台，以及在本辖区注册的其他"微盘"交易平台在"30号文"明确的时间节点内进行清理关闭；并要求各省级人民政府按照"30号文"在政府网站公布辖区内交易场所"黑名单"，提醒投资者远离非法交易，限期了结离场；为了保持交易场所必要规模，避免无序竞争，要求各省级人民政府推动交易场所按类别有序整合，原则上一个类别一家；各省级人民政府要根据"38号文""37号文"和"31号文"的要求，着手建立完善各类交易场所监管制度，严格准入管理，健全行政执法，做好统计监测和信息报送工作。

"31号文"附件中还具体列明了商品类交易场所存在的分散式柜台交易、现货连续交易、融资融货交易的特征、违规问题和整治措施；邮币卡类交易场所现货发售的特征、违规问题和整治措施；金融资产交易类场所开展类资产证券化业务，擅自交易信贷、票据、保险等金融业务的特征、违规问题和整治措施；"微盘"交易平台的特征、违规问题和整治措施；交易场所的分支机构、会员单位、代理商、授权服务机构等展业公司的特征、违规问题和整治措施。

3)《关于印发〈邮币卡类交易场所清理整顿工作专题会议纪要〉的通知》

2017年8月2日，清整联办下发《关于印发〈邮币卡类交易场所清理整顿工作专题会议纪要〉的通知》(清整联办〔2017〕49号)。在会议纪要中指出邮币卡类交易场所采用类似股票上市的现货发售模式，开展集中竞价、"T+0"交易，不仅违反了国务院有关规定，而且大多存在欺诈、坐庄交易、操纵价格、客损分成等行为，涉嫌严重违法犯罪。会议要求停止整顿采用现货交易模式的邮币卡类违规交易；尽快制订风险处置预案，对涉案人员及财产严加管控；各省级人民政府要对辖区内邮币卡类交易场所逐一摸底排查，全面掌握各交易场所的违法违规事实。稳妥推进邮币卡类交易场所清理整顿业务，防范化解风险。

4)《关于印发〈阎庆民同志在清理整顿各类交易场所"回头看"后续工作会议上的讲话〉的通知》

2018年4月11日，清整联办下发《关于印发〈阎庆民同志在清理整顿各类交易场所"回头看"后续工作会议上的讲话〉的通知》(清整联办〔2018〕

1号）。文件中指出清理整顿"回头看"后续工作的重点包括：

①持续保持高压态势，严防交易场所乱象卷土重来。谨防交易场所假借政府信用，为非法集资、金融诈骗、非法证券期货等各类违法违规活动提供便利甚至背书增信，损害社会公众利益。

②稳妥处置遗留问题。要保持全国政策统一，对已关停交易场所，要妥善转移或清退客户，依法打击犯罪，落实维稳责任，逐步压缩化解风险。

③严格控制交易场所数量，要积极推动交易场所按类别有序整合，严格交易场所审批设立，交易场所整合工作完成前不得批设新的交易场所。

④要切实加强交易场所监管，抓紧制定完善监管规则，明确监管职责，加强监管力量，严守交易场所监管底线。

⑤推动各类交易场所规范发展，引导支持交易模式合规、产业支撑足够的交易场所发展壮大，逐步形成"品牌"效应，不断提升服务能力，同时坚决打击违法违规交易，彻底扭转"劣币驱逐良币"的被动局面。

5）《关于印发〈关于稳妥处置地方交易场所遗留问题和风险的意见〉的通知》

2018年11月1日，清整联办下发《关于印发〈关于稳妥处置地方交易场所遗留问题和风险的意见〉的通知》（清整联办〔2018〕2号）。《意见》中指出目前邮币卡、大宗商品类别交易场所的风险处置工作还未完成，金融资产类交易场所风险隐患仍然较大，直接影响到金融和社会稳定。

《意见》要求各地要按照《关于印发〈邮币卡类交易场所清理整顿工作专题会议纪要〉的通知》，积极采取有力措施，有效推进邮币卡类交易场所风险处置工作，稳妥解决邮币卡类交易场所遗留问题，维护社会稳定。

①积极疏导客户。积极督导邮币卡类交易场所通过引导小额持仓人提货离场等方式稳步做好存量合规客户的清退疏导工作。拟组建专门邮币卡交易场所的地区，可协调做好相关工作，通过新的交易场所以适当方式承接吸纳原币卡回交易场所存量合规客户，化解历史遗留风险。客户转移到新的交易场所的，要确保认可新交易规则（制度）并全部了结原有纠纷，自愿承担交易风险，避免出现回流反复。相关地区要依法依规将网上邮币卡新型交易业态纳入交易场所清理整顿，该取缔的取缔，同意保留的应完善审批程序、监督引导其合规运营，并在疏导吸收邮币卡类交易场所存量合规客户等方面发

挥积极作用。

②化解存量风检，各地区要在全面摸清客户情况、资金流向和风险底数的基础上制订存量风险化解方案，做好违法性质认定和司法衔接，防止引发处置风险。对邮币卡类交易场所的存量客户，要认真做好分类处置工作，在核实损失和厘清责任的基础上，通过引导提货离场、庄家及发售人出资回购、督促交易场所及其分支机构给予合理补偿等方式逐步清退客户，不断压缩直至彻底化解存量风险。拟组建专门邮币卡交易场所的地区，要把好股东资质关，经省级人民政府批准后筹建，开业前应当报联席会议备案，以保持全国步调统一，规则统一，并做好后续监管安排。存量风险未得到化解的，新的邮币卡交易场所不得开业。

③切实维护稳定。各地区要切实维护社会稳定大局，完善工作预案，妥善处理信访投诉，保护投资者合法权益。加强风险研判和舆论引导，及时处理苗头性问题，做好风险属地化解和重点人员稳控吸附。继续做好对邮币卡类交易场所股东、高管、发售人、庄家以及会员、代理机构等相关责任人员的管控工作，督促其配合风险处置和追赃挽损，及时对涉嫌违法犯罪行为立案侦查，依法追究有关人员责任。对在风险处置过程中积极配合、主动出资回购或赔偿（补偿）投资者损失的，可依法适当减轻、从轻处罚。

对于金融资产类交易场所，《意见》要求各地区在进一步摸清金融资产类交易场所底数的基础上，制订细化清理规范方案和维稳预案，妥善处置存量风险，督导其依法合规运营。

①限定业务范围。金融资产类交易场所应根据国家有关法律法规、中央金融管理部门有关规定和指导意见、清理整顿各类交易场所有关文件要求，依法合规开展金融企业非上市国有产权转让、地方资产管理公司不良资产转让、地方金融监管领域的金融产品交易等业务。金融资产类交易场所不得非法从事中央金融管理部门监管的金融业务，涉及人民银行、银保监会、证监会业务许可事项的，应取得相应业务牌照；未经批准，不得发行、销售（代理销售）、交易中央金融管理部门负责监管的金融产品；不得直接或间接向社会公众进行融资或销售金融产品，不得与互联网平台开展合作，不得为其他金融机构（或一般机构）相关产品提供规避投资范围、杠杆约束等监管要求的通道服务。金融资产类交易场所应制定投资者（包括交易类业务的买方）

适当性制度，且投资者适当性标准不低于《关于规范金融机构资产管理业务的指导意见》（银发〔2018〕106 号）要求的合格投资者标准，并在开户环节对投资者进行实名校验、风险识别能力和风险承担能力测试。

②分类化解存量。对于超出规定范围的交易类业务，应立即停止。对于有基础资产对应的债权类业务，以及无基础资产对应但有担保、抵押或质押的债权类业务，不得新增，存量到期后按合同约定兑付，不得展期或滚动发行。对于无基础资产对应且无担保、抵押或质押的债权类业务、信用类债权业务、资产管理类业务以及其他已经形成"资金池"的业务，要严格控制业务增量，通过回收债权、出售资产等方式逐步压缩清理，在压降违规业务规模的前提下，确保后续新增业务合法合规，用 1~2 年的时间逐步化解风险。

③加强监管协作。各省级人民政府要切实履行对金融资产类交易场所的监管主体责任和风险处置责任。地方金融监管部门要加强日常监管，明确监管要求，提升监管效能，完善非现场监测手段，及时开展以问题风险为导向的现场检查，根据国家规定和地方立法行使行政抗法权。人民银行会同相关监管部门加强地方金融资产类交易场所的规则制定和业务指导工作。证监会会同人民银行、银保监会对金融资产类交易场所的业务性质进行认定。中央金融管理部门及其派出机构要做好对地方金融监管部门的专业支持和监督指导，加强监管协作，防止监管空白和监管套利，严厉打击各类违法违规行为，切实保护投资者利益，防范化解金融风险。

就大宗商品类交易场所而言，《意见》肯定了大宗商品市场的积极作用，有效地促进了市场脱虚向实，要求各地清退与本地产业无关的交易场所，合并本地同类的交易场所。

6）《关于三年攻坚战期间地方交易场所清理整顿有关问题的通知》

2019 年 1 月 29 日，清整联办下发《关于三年攻坚战期间地方交易场所清理整顿有关问题的通知》（清整办函〔2019〕35 号，以下简称 35 号文）。"35号文"就是收集了 2018 年 11 月《关于稳妥处置地方交易场所遗留问题和风险的意见》印发后，各地结合实际工作情况提出了一些需要明确的具体问题，是对《意见》中地方交易场所清理整顿有关具体问题的进一步明确，涉及交易场所的整体规划、撤销关闭、整合新设、开停业问题。《通知》进一步细化交易场所清理整顿工作安排，并对多个事项给出具体时间表。

"35号文"再次重申了地方金融资产类交易所的业务范围限定为依法合规开展金融企业非上市国有产权转让、地方资产管理公司不良资产转让、地方金融监管领域的金融产品交易等；延续此前监管会议及相关文件的要求，《通知》再次强调"一行两会"的监管以及"持牌经营"的理念。《通知》要求，未经人民银行、银保监会、证监会批准，不得非法从事中央金融监管部门监管的金融业务，不得发行、销售（代理销售）、交易中央金融管理部门负责监管的金融产品。相较于《意见》，"35号文"首次提出，拟交易的产品不属于中央和地方金融管理部门监管范围的，省级地方金融管理部门应当组织当地中央金融管理部门派出机构进行研究论证，同意的应出具书面意见并抄送联席会议办公室。研究论证后仍对业务定性存疑的，可书面征求联席会议办公室意见。

除了金融资产交易所（以下简称金交所）业务范围和定性问题，《通知》还明确了金交所存量问题和风险化解工作的时间表。在此前"用1~2年时间化解存量风险"的基础上，监管要求，各地区辖内金交所根据具体情况，制订压降违规业务规模、分类化解存量风险的工作方案。并且，金交所存量问题和风险化解工作方案，需在2019年4月底前报联席会议办公室。除了给出时间表外，监管部门对金交所的数据报送项目也做了调整，并明确各省级地方金融管理部门在每一季度结束后7个工作日内，通过当地证监局向清整办报送。金交所监管方面需要报送多个表格内容，涉及金交所的基本情况、分支机构、业务（产品）类型、合作互联网平台（或其他第三方）、融资方信息等。具体来说，包括股东、实缴资本、分支机构情况、季度成交额、季度营业收入、机构客户资金余额、自然人客户资金余额、交易品种变更、投诉及处理情况、公安机关立案情况等信息。由此可见，监管层对金交所清理整顿和风险处置工作的重视和细化程度。

此外，随着各类交易场所清理整顿工作的持续深入，《通知》还给出了多个时间表：2019年4月底前汇报各地交易场所的总体规划；交易场所按类别整合的工作确保2020年底"一省一家"全部到位，且整合完成前不得新设。

1.4.3 联席会议部分成员单位文件

为了贯彻落实"38号文""37号文"精神，在证监会和联席会议相关政策文件的支撑下，各联席会议相关部门都针对本部门所涉及的地方交易场所出台了具体管理文件，相比国务院政策文件和证监会、联席会议文件来说，规定从交易场所类别出发，更加聚焦。鉴于黄金、文化产权类、大宗商品类交易场所近年来问题频出，是各级政府清整的重点，所以接下来就梳理这三类交易场所的相关政策文件。

（1）黄金交易所或黄金交易平台政策文件

为了促进黄金市场健康发展，防范金融风险，维护金融稳定，2011年12月20日，中国人民银行、公安部、工商总局、银监会、证监会五部委依据"38号文"，联合发布《中国人民银行　公安部　工商总局　银监会　证监会关于加强黄金交易所或从事黄金交易平台管理的通知》（银发〔2011〕301号）。通知明确指出除上海黄金交易所和上海期货交易所外，任何地方、机构或个人均不得设立黄金交易所（交易中心），也不得在其他交易场所（交易中心）内设立黄金交易平台。

（2）文化产权交易和艺术品交易场所政策文件

为了贯彻落实"38号文"精神，推动文化产权交易和艺术品交易健康有序发展。2011年12月30日，多部门联合发布《中共中央宣传部　商务部　文化部　国家广播电影电视总局　新闻出版总署关于贯彻落实国务院决定加强文化产权交易和艺术品交易管理的意见》（中宣发〔2011〕49号，以下简称《意见》）。

《意见》中明确了文化产权交易的定义和交易范围，并定义文化产权交易所是为文化产权转让提供条件和综合配套服务的专业化市场平台。明确了设立文化产权交易所的基本条件，并要求加强各类文化产权交易所的整顿规范，要求各省（自治区、直辖市）文化、广电、新闻出版部门要在同级文化体制改革工作领导小组、清理整顿交易场所工作领导小组领导下，组织力量开展对各类文化产权交易所的整顿规范工作。要求"文化产权交易所不得将任何权益拆分为均等份额公开发行，不得采取集中竞价、做市商等集中交易方式进行交易；不得将权益按照标准化交易单位持续挂牌交易，任何投资者买入后卖出或卖出后买入同一交易品种的时间间隔不得少于5个交易日。对从事违法证券期货交易活动的文化产权交易所，严禁以任何方式扩大业务范围，严禁新增交易品种，严禁新增投资者，并限期取消或结束交易活动。对逾期不取消、继续或变相违法从事证券期货交易的各类文化产权交易所，文化、广电、新闻出版部门要积极协助证监会作出认定，依照有关规定从严惩处。其他类型的产权交易所参照本规定对已开展的文化产权交易活动进行清理"。

（3）现货类、大宗商品类交易场所政策文件

为了贯彻落实"38号文"精神，推动大宗商品中远期交易市场有序转型。2012年2月24日，商务部发布了《商务部关于贯彻落实国务院决定推动大宗商品有序转型的通知》（以下简称《通知》）。《通知》依据"38号文"规定大宗商品市场一律不得以集中竞价、电子撮合、匿名交易、做市商等集中交易方式进行标准化合约交易。清理整顿不以交易场所的名称作为界定标准，实际经营活动中涉嫌违法期货的大宗商品市场，也应按照规定纳入清理整顿范围。

为规范商品现货市场交易活动，维护市场秩序，防范市场风险，保护交易各方的合法权益，促进商品现货市场健康发展，加快推行现代流通方式。2013年11月8日，依据"38号文""37号文"，商务部、中国人民银行、证监会联合发布《商品现货市场交易特别规定（试行)》。规定给出了商品现货市场的定义，是指依法设立的，由买卖双方进行公开的、经常性的或定期性的商品现货交易活动，具有信息、物流等配套服务功能的场所或互联网交易平台；确定了商品现货市场交易对象和交易方式，规定商品现货市场进行交易时，必须使用协议交易或者单向竞价的交易方式，不得以集中交易方式进行标准化合约交易，并要求县级以上人民政府商务主管部门负责本行政区域内的商品现货市场管理。

第二章　地方交易场所态势分析

本章对全国地方交易场所的总体状况进行分析，主要从宏观层面摸清和把握全国交易场所的发展态势和趋势，对交易场所的分析不仅分析其经营主体，还分析能反映其运营现状的用户规模。通过分析可把握我国交易场所发展全局，及时了解当前交易场所吸纳社会公众流量情况，深度了解交易场所的基本情况和总体现状，并研判可能产生的社会影响①。

2.1　平台总量②

截至 2019 年 3 月 31 日，全国共有 426 家名单内和 621 家名单外线上交易场所（分别对应 402 家和 645 家经营主体）③。

2.1.1　名单内交易场所

上述名单内交易场所的业态如图 2-1 所示。

---

① 通过网络巡查等手段监测在互联网上开展运行的全国各类交易场所。监测范围覆盖全国地方各类交易场所、会员、代理商以及授权服务机构，场所类型涉及 3 个大类，18 个子类。

② 按照是否获得地方政府的批准设立，将交易场所分为"名单内场所"和"名单外场所"。

③ 网络巡查发现有 370 家机构的交易所处于以下情形：1. 有工商信息，但是公司网站已经不再运营（网站失效、网站变成赌博类等无关网站、网站变成僵尸网站）；2. 未发现工商登记信息；3. 不属于线上的机构，未发现公司网站。

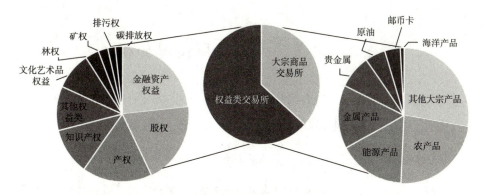

图2-1　名单内交易所的业态分布情况

2.1.2　名单外交易场所

上述名单外交易场所的业态如图2-2所示。

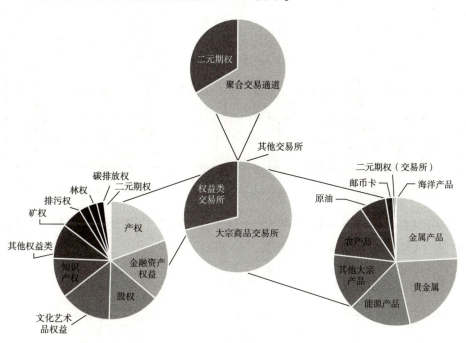

图2-2　名单外交易所的业态分布情况

21

2.2 名单内交易场所情况分析

2.2.1 经营主体分析

通过对名单内交易所的经营主体进行统计,其结果见表2-1。

表2-1 名单内交易场所的业态分类统计

序号	大宗商品交易所种类	数量(家)	权益类交易所种类	数量(家)
1	其他大宗产品	107	金融资产权益	156
2	农产品	89	股权	130
3	能源产品	63	产权	115
4	金属产品	59	知识产权	75
5	贵金属	31	其他权益类	71
6	原油	19	文化艺术品权益	60
7	邮币卡	15	林权	23
8	海洋产品	4	矿权	16
9	—	—	排污权	12
10	—	—	碳排放权	12

上述经营主体覆盖31个省(自治区、直辖市),主要分布在广东、北京、江苏、上海和山东。具体分布如图2-3所示。

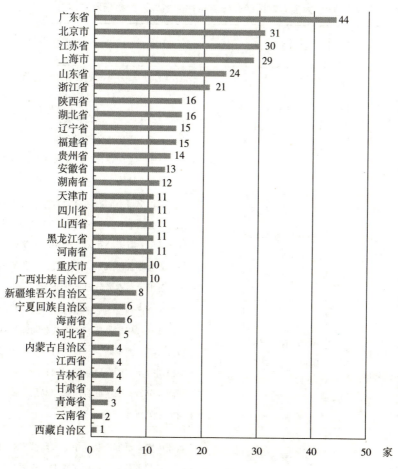

图2-3 名单内交易场所经营主体分布情况

2.2.2 分支机构情况分析

网络巡查从402家经营主体中发现44家有分支机构。表2-2显示了分支机构数量最多的前十大交易所。

表2-2　　前十大拥有数量最多分支机构的名单内交易场所主体

序号	平台名称	经营主体	分支机构数量（家）	分支机构明细
1	重庆市公共资源交易中心	重庆联合产权交易所集团股份有限公司	68	重庆联合产权交易所股份有限公司万盛直属支所，重庆联合产权交易所股份有限公司北京办事处，重庆联合产权交易所股份有限公司合川直属支所，重庆联合产权交易所股份有限公司广元分所，重庆联合产权交易所股份有限公司江津直属支所等68家
2	金汇金融股权交易平台	贵州股权交易中心有限公司	35	贵州股权交易中心有限公司六盘水分中心，贵州股权交易中心有限公司安顺分中心，贵州股权交易中心有限公司毕节分中心，贵州股权交易中心有限公司贵安交易中心，贵州股权交易中心有限公司遵义分中心等35家
3	西南联合产权交易所	西南联合产权交易所有限责任公司	18	西南联合产权交易所有限责任公司内江分所，西南联合产权交易所有限责任公司军民融合与科技分所，西南联合产权交易所有限责任公司凉山州分所，西南联合产权交易所有限责任公司南充分所，西南联合产权交易所有限责任公司巴中分所等18家
4	中黔金交	贵州中黔金融资产交易中心有限公司	12	贵州中黔金融资产交易中心有限公司仁怀分中心，贵州中黔金融资产交易中心有限公司安顺分中心，贵州中黔金融资产交易中心有限公司毕节分中心等12家
5	长江产权交易所	安徽长江产权交易所有限公司	10	安徽长江产权交易所有限公司北门分公司，安徽长江产权交易所有限公司安庆分公司，安徽长江产权交易所有限公司巢湖分公司，安徽长江产权交易所有限公司无为分公司，安徽长江产权交易所有限公司池州分公司等10家

序号	平台名称	经营主体	分支机构数量（家）	分支机构明细
6	阿特多多	浙江阿特多多知识产权交易中心有限公司	8	丽水市联合产权交易所有限公司居家房产置换分公司，丽水市联合产权交易服务中心有限公司庆元分公司，丽水市联合产权交易服务中心有限公司景宁分公司，丽水市联合产权交易服务中心有限公司松阳分公司等8家
7	中国艺交所邮币卡交易中心	中国工艺艺术品交易所有限公司	6	中国工艺美术品展销公司北京工艺美术品展销中心，中国工艺美术品展销公司北京工艺美术品部，中国工艺美术品展销公司北京怡华阁工艺美术品部，中国工艺美术品展销公司北京美联盛餐厅，中国工艺美术品展销公司河南分公司等6家
8	武汉股权托管交易中心	武汉股权托管交易中心有限公司	6	武汉股权托管交易中心有限公司孝感分公司，武汉股权托管交易中心有限公司宜昌服务部，武汉股权托管交易中心有限公司恩施分中心，武汉股权托管交易中心有限公司汉口服务部，武汉股权托管交易中心有限公司荆州分中心等6家
9	沁坤大宗	长沙沁坤大宗农产品现货电子交易市场股份有限公司	6	长沙沁坤大宗农产品现货电子交易市场股份有限公司万煦园店，长沙沁坤大宗农产品现货电子交易市场股份有限公司大宗业务分公司，长沙沁坤大宗农产品现货电子交易市场股份有限公司星城国际店，长沙沁坤大宗农产品现货电子交易市场股份有限公司澜北湾店，长沙沁坤大宗农产品现货电子交易市场股份有限公司联诚花园店等6家
10	安徽省产权交易中心	安徽省产权交易中心有限责任公司	5	安徽省产权交易中心有限责任公司亳州分公司，安徽省产权交易中心有限责任公司宿州分公司，安徽省产权交易中心有限责任公司金寨分公司，安徽省产权交易中心有限责任公司阜阳分公司等5家

2.2.3　用户情况分析

通过对 426 家名单内交易所网络监测，2019 年第一季度活跃用户 86 万人，用户主要分布于上海、浙江、江苏、湖南和广东，分别为 31 万人、13 万人、11 万人、6 万人和 4 万人，上述区域用户数量占全部活跃用户的 76%。

抽样分析显示，在上述活跃的样本中，男性用户数量是女性用户数量的 0.76 倍。用户年龄段主要分布在 20～29 岁、30～39 岁和 40～49 岁，分别占比为 18%、32% 和 23%。具体年龄段分布见图 2-4。

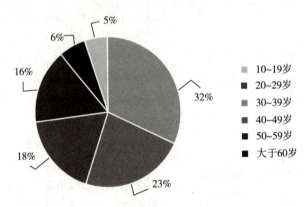

图 2-4　名单内交易所活跃用户的年龄段分布情况

2.2.4　关联网站访问情况分析

通过对 426 家名单内交易所网站的用户访问情况进行监测统计，2019 年 3 月 26 家交易所的用户访问情况，3 月日均 PV 和 UV 用户访问量最大的前十家平台见表 2-3。

表 2-3　　　　　前十大日均用户访问量最多的名单内交易所

序号	平台名称	经营主体	网址	本月 PV 访问量	本月 UV 访问量
1	冀北电力交易中心电力交易平台	冀北电力交易中心有限公司	http：//pmos.jibei.sgcc.com.cn	647040	104106
2	青海电力交易中心电力交易平台	青海电力交易中心有限公司	http：//pmos.qh.sgcc.com.cn	647040	104106

续表

序号	平台名称	经营主体	网址	本月 PV 访问量	本月 UV 访问量
3	首都电力交易中心电力交易平台	首都电力交易中心有限公司	http：//pmos. bj. sgcc. com. cn	647040	104106
4	软交所	北京软件和信息服务交易所有限公司	http：//www. csix. cn， http：//qyifdemo. csix. cn	384000	64000
5	产权交易网	北京产权交易所有限公司	http：//www. cbex. com. cn， http：//www. cbex. com， http：//bjhlsszc. cbex. com	342400	43200
6	陆金所	上海陆家嘴国际金融资产交易市场股份有限公司	http：//www. lu. com， http：//www. lufax. com， http：//www. ljsdkkf. com， http：//www. pinganlujinsuo. com， http：//m. lu. com	282666	71893
7	渤海商品交易所	天津渤海商品交易所股份有限公司	http：//www. boce. cn， http：//www. boceworld. com	217600	22400
8	前海航交所	深圳前海航空航运交易中心有限公司	http：//www. as－exchange. com， http：//app. as－exchange. com， http：//group. as－exchange. com	128000	25600
9	南京文交所钱币邮票交易中心官网	南京文化艺术产权交易所有限公司	http：//www. zgqbyp. com	57600	19200
10	内蒙古股权交易中心	内蒙古股权交易中心股份有限公司	http：//www. nmgotc. com	57600	19200

2.2.5 关联移动 APP 情况分析

通过对名单内交易所关联 APP 用户下载情况进行监测分析，提取华为应用市场、腾讯应用宝、360 手机助手、应用宝、百度助手、豌豆荚、小米应用市场、vivo 应用市场、安卓市场、PP 助手、联想乐商店、苹果 AppStore、安智市场、历趣应用市场、91 手机助手、联通沃商店、魅族应用商店、OPPO 应用商店和应用汇 19 家应用商店下载情况分析。

经统计，2019 年 3 月发现 83 个移动 APP，累计用户总下载量达 13343 万人次。其中，新发现 20 个 APP 对应 20 个平台（对应 20 家经营主体），消亡 47 个（移动市场下架），具体名单分别见表 2 - 4 和表 2 - 5。上述新发现的 20 个 APP 用户总下载量为 114 万人次，具体名单见表 2 - 4。余下 63 个存量移动 APP 新增下载次数为 13 万人次。其中，3 月比 2018 年 12 月下载量变化最大的前三大 APP 是现货白银、网金社和南金泉（分别属于北京大宗商品交易所有限公司、浙江互联网金融资产交易中心股份有限公司和南京金融资产交易中心有限公司）。相关移动 APP 信息如表 2 - 6 所示。

表 2 - 4 2019 年 3 月新发现名单内交易所关联移动 APP

序号	平台名称	经营主体	所在地	APP 名称	版本号	开发者	3 月下载量（人次）
1	贵州国际商品交易中心	贵州国际商品交易中心有限公司	贵州省	期货交易软件	1.01	华融期货有限责任公司	830000
2	金汇金融股权交易平台	贵州股权交易中心有限公司	贵州省	金汇金融	6.3.0	深圳金汇财富金融服务有限公司	100000
3	武汉华中药品交易中心	武汉华中药品交易有限公司	湖北省	1 号药城	4.8.2	武汉华中交易有限公司	100000
4	招银前海金融	深圳市招银前海金融资产交易中心有限公司	广东省	招招理财	Android 4.1.×以上	深圳市招银前海金融资产交易中心有限公司	33000

序号	平台名称	经营主体	所在地	APP 名称	版本号	开发者	3 月下载量（人次）
5	江西赣南金融资产交易中心	江西赣南金融资产交易中心有限责任公司	江西省	博金贷	5.6.9	—	20000
6	山东金融资产交易中心	山东金融资产交易中心有限公司	山东省	山东金交中心	2.1.9	山东金融资产交易中心有限公司	20000
7	中国（太原）煤炭交易中心	中国（太原）煤炭交易中心	山西省	卡煤利多	1.5.6	云启正通（北京）科技有限公司	10000
8	陆羽茶交中心	武汉陆羽国际茶业交易中心有限公司	湖北省	陆交所	2.4.4	武汉陆羽国际茶业交易中心有限公司	9373
9	南商所	南宁大宗商品交易所有限公司	广西壮族自治区	南商所	1.0.0	上海斯顺资产管理合伙企业（有限合伙）	4483
10	西安环海陆港商品交易中心	西安环海陆港商品交易中心有限公司	陕西省	百微操盘	1.1.1	上海旭贵实业有限公司	3064

表 2－5　　　　　2019 年 3 月消亡的名单内交易所关联移动 APP

序号	平台名称	经营主体	APP 名称	版本号	开发者
1	内蒙古文化产权交易所	内蒙古文化产权交易所有限公司	泛娱宝	1.2.0	湖南创无限移动互联网科技有限公司
2	大连贵金属交易中心	大连贵金属交易中心有限公司	大赢通三	3.0.0	大连贵金属交易中心有限公司
3	上海石油交易所	上海石油交易所有限公司	口袋原油	1.0.0	—
4	湖南华夏商品交易市场有限公司	湖南华夏商品交易市场有限公司	华夏有色掌上交易	1.1.4	湖南华夏商品交易市场有限公司
5	前海股权交易中心	深圳前海股权交易中心有限公司	泰富集团	1.5.9	深圳泰富养老服务有限公司
6	南京文交所钱币邮票交易中心官网	南京文化艺术产权交易所有限公司	南京钱币邮票	2.5.5	上海紫希文化创意有限公司
7	天津文化产权交易所	天津文化产权交易所有限公司	天津文交所	2.5.0	天津大成泉汇文化传播有限公司
8	辽宁股权交易中心	辽宁股权交易中心股份有限公司	盛今融	1.1.4	福建顶点软件股份有限公司
9	郑州肉类商品交易所	郑州肉类商品交易所有限公司	郑肉交易系统	2.5.1	郑州肉类商品交易所有限公司
10	厦门两岸商品交易中心	厦门两岸商品交易中心有限公司	厦门两岸	1.1.0	—

表 2－6　　现有存量的名单内交易所关联移动 APP 下载统计

序号	平台名称	经营主体	所在地	APP 名称	版本号	开发者	2018 年 12 月下载量（人次）	2019 年 3 月下载量（人次）	3 月与 12 月下载量差值（人次）
1	陆金所	上海陆家嘴国际金融资产交易市场股份有限公司	上海市	陆金所	6.0.5.3	上海陆家嘴国际金融资产交易市场股份有限公司	121280000	84820000	－36460000

序号	平台名称	经营主体	所在地	APP名称	版本号	开发者	2018年12月下载量（人次）	2019年3月下载量（人次）	3月与12月下载量差值（人次）
2	滨海金融	滨海（天津）金融资产交易中心股份有限公司	天津市	滨海国金所	2.4.7	滨海（天津）金融资产交易中心股份有限公司	7800854	9134442	1333588
3	北京大宗商品交易所	北京大宗商品交易所有限公司	北京市	现货白银	1.0.3	—	3000000	9040746	6040746
4	南金泉	南京金融资产交易中心有限公司	江苏省	南金泉	1.2	南京金融资产交易中心有限公司	1110000	5336931	4226931
5	网金社	浙江互联网金融资产交易中心股份有限公司	浙江省	网金社	4.0.5	—	492	5013490	5012998
6	天安金交所	天安（贵州省）互联网金融资产交易中心股份有限公司	贵州省	天安金交所	2.5.0	1000000	1500000	500000
7	政府一账通	重庆金融资产交易所有限责任公司	重庆市	向钱进	02.90.0009	—	500000	1481744	981744

序号	平台名称	经营主体	所在地	APP名称	版本号	开发者	2018年12月下载量（人次）	2019年3月下载量（人次）	3月与12月下载量差值（人次）
8	晋金所	山西省金融资产交易中心有限公司	山西省	晋金所	1.8.5	山西省金融资产交易中心有限公司	939030	1011112	72082
9	前海航交所	深圳前海航空航运交易中心有限公司	广东省	前海航交所	3.5.2	深圳前海航空航运交易中心有限公司	422524	456350	33826
10	北京石油交易所	北京石油交易所股份有限公司	北京市	北京石油交易所	2.03.02	北京世行国际石油化工投资管理有限公司	3634	327010	323376

2.2.6 关联微信公众号情况分析

通过对426家名单内交易所关联微信公众号监测，2019年3月发现378个微信公众号，对应216家交易所平台以及210家经营主体。具体详见表2-7。

表2-7　　　　　　　　名单内交易所关联微信公众号存量情况

序号	平台名称	经营主体	所在地	公众号名称	认证主体	简介
1	株洲市产权交易中心	株洲市产权交易中心有限公司	湖南省	株洲市产权交易中心	株洲市产权交易中心有限公司	株洲市产权交易中心有限公司成立于2003年9月27日，是经株洲市人民政府批准，由株洲市国有资产投资控股集团有限公司出资组建的全资子公司，注册资本为人民币3000万元

序号	平台名称	经营主体	所在地	公众号名称	认证主体	简介
2	重庆科技要素交易中心	重庆科技要素交易中心有限公司	重庆市	重庆科技要素交易中心有限公司	重庆科技要素交易中心有限公司	重庆科技要素交易中心面向社会、服务人民
3	中山产权交易网	中山产权交易中心有限公司	广东省	中山产权交易中心有限公司	中山产权交易中心有限公司	中山产权交易网是集房地产、股债权、车辆、机器设备等资产交易及项目招商服务于一体的中山市唯一一家国有控股综合性产权交易平台
4	棉花现货投资平台	郑州棉花交易市场有限公司	河南省	郑州棉花交易市场运营中心	个人	郑州棉花交易市场有限公司是我国第一家由政府批准成立的棉花现货电子交易平台，隶属于河南省供销社
5	烟台联合产权交易中心	烟台联合产权交易中心有限公司	山东省	烟台联合产权交易中心有限公司	烟台联合产权交易中心有限公司	山东省人民政府批准的集产、股权交易和资产转让为一体的综合性交易机构。中心以"发展区域资本市场、服务烟台转型升级"为宗旨、坚持"公开、公平、公正，规范、服务、创新"的原则
6	新疆和田玉石交易中心	新疆和田玉石交易中心有限公司	新疆维吾尔自治区	新疆和田玉石交易中心有限公司	新疆和田玉石交易中心有限公司	新疆和田玉石交易中心是由新疆维吾尔自治区人民政府批准成立的国有控股现货类玉石交易平台
7	武汉知识产权交易所	武汉知识产权交易所有限公司	湖北省	武汉知识产权交易所	武汉知识产权交易所有限公司	武汉知识产权交易所是经湖北省人民政府批准，国务院部际联席会议核准，由武汉光谷联合产权交易所、武汉留学生创业园管理中心、武汉东湖新技术开发区生产力促进中心共同出资成立

续表

序号	平台名称	经营主体	所在地	公众号名称	认证主体	简介
8	感知合约交易中心	无锡感知合约交易中心有限公司	江苏省	无锡感知合约交易中心	—	无锡感知合约交易中心是全球首家物联网金融应用交易中心，为各类交易平台及投资者、消费者、商家提供物联网技术、大宗商品交易和物联网金融服务，以促进和推动大宗商品交易信息化、交割便利化、流通现代化
9	文创金服	湖北华中文化产权交易所有限公司	湖北省	文创金服	—	文创金服是一家综合性金融服务公司
10	网金社	浙江互联网金融资产交易中心股份有限公司	浙江省	网金社	浙江互联网金融资产交易中心股份有限公司	网金社是由浙江互联网金融资产交易中心股份有限公司负责运营管理的互联网金融资产交易平台

2.3　名单外交易场所情况分析

2.3.1　经营主体分析

2019 年 3 月发现 621 家交易所，对应经营主体 463 家。3 月新发现 228 家交易所，具体名单见表 2 - 8；消亡 84 家①，具体名单见表 2 - 9。

①　消亡定义为一家平台只要满足以下四个标准中的一个，便认定为平台消亡。上述四个标准为：（1）网站变更非金融；（2）10 天以上无法访问；（3）网站公告停止运营，清盘等；（4）变为僵尸网站（180 天无更新）。

表 2-8　　　　　　　　2019 年 3 月新发现的名单外交易所

序号	经营主体	新增平台	所在地
1	重庆华西黄金产业发展有限公司	华西黄金	重庆市
2	绍兴市公共资源交易中心	绍兴公共资源交易网	浙江省
3	宁波弘春新商贸有限公司	嘉兴中国华凝交易市场（浙）	浙江省
4	浙江大马甲网络科技有限公司	大马甲产权交易平台	浙江省
5	台州市产权交易所有限公司	台州市产权交易所	浙江省
6	云南广汇大宗电子商务有限公司	云南广汇大宗电子商务有限公司	云南省
7	云南农垦物流有限公司	云南农垦农产品供应链运营中心	云南省
8	云南云河经济信息咨询有限公司	云南云河经济信息咨询有限公司	云南省
9	天津华尔金贵金属交易市场有限公司	天津华尔金贵金属交易市场有限公司	天津市
10	中钞长城贵金属有限公司	长城金银	四川省

表 2-9　　　　　　　　2019 年 3 月发现的名单外已消亡的交易所

序号	经营主体	平台名称	所在地
1	重庆市保牛网络信息科技有限公司	好债宝	重庆市
2	义乌博纳投资管理有限公司	义乌博纳投资管理有限公司	浙江省
3	瑞丽市大腾商品交易中心有限公司	大腾商品交易中心	云南省
4	云南立竿见影广告有限公司	宝富国际	云南省
5	昆明兴恒经济信息咨询有限公司	农垦供应链网	云南省
6	云南省黄金投资交易有限责任公司	云南金投	云南省
7	天津可田信息技术有限公司	俄罗斯联合金融	天津市
8	天津瑞银汇鑫黄金经营有限公司	瑞银汇鑫	天津市
9	香港金盛贵金属有限公司	广东省产权交易集团	香港特别行政区
10	香港富宏国际集团有限公司	富宏国际	香港特别行政区

上述多家名单外的交易所中，其业态统计见表 2-10。

表 2 − 10　　　　　　2019 年 3 月名单外交易所的业态分类统计

序号	大宗商品交易所种类	数量（家）	权益类交易所种类	数量（家）	其他交易所种类	数量（家）
1	金属产品	267	产权	87	聚合交易通道	4
2	贵金属	245	金融资产权益	74	二元期权	2
3	能源产品	182	股权	65		
4	其他大宗产品	156	文化艺术品权益	64		
5	农产品	151	知识产权	49		
6	原油	76	其他权益类	43		
7	邮币卡	21	矿权	26		
8	二元期权（交易所）	6	排污权	12		
9	海洋产品	4	林权	11		
10			碳排放权	9		
11			二元期权	9		

上述的经营主体中，有 410 家在境内，分布在 31 个地区。其中，广东、上海、北京、山东和浙江数量最多，分别为 64 家、55 家、35 家、32 家和 31 家，占境内全部经营主体总量的 53%；其余 53 家有 16 家位于中国香港，余下 37 家未发现其所在地。名单外交易所地区分布如图 2 − 5 所示。

2.3.2　分支机构情况分析

网络巡查从 463 家经营主体中发现 23 家有分支机构。表 2 − 11 显示了分支机构数量最多的前十大名单外交易所。

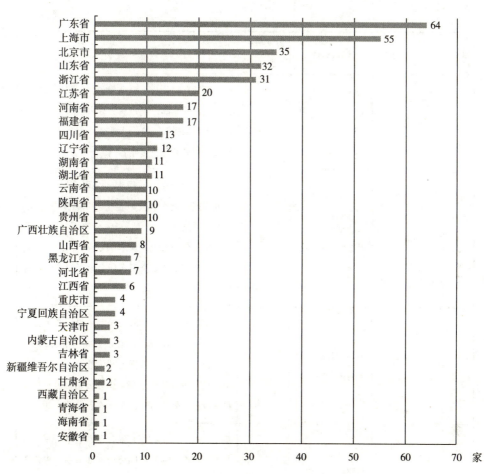

图 2-5 2019 年 3 月名单外交易所在各区域分布情况

表 2-11　　　前十大拥有数量最多分支机构的名单外交易所主体

序号	平台名称	机构名称	分支机构数量（家）	分支机构明细
1	广州金控	广州金控期货有限公司	28	广州金控期货有限公司佛山营业部，广州金控期货有限公司保定营业部，广州金控期货有限公司台州营业部，广州金控期货有限公司大连分公司，广州金控期货有限公司大连营业部等28 家

序号	平台名称	机构名称	分支机构数量（家）	分支机构明细
2	中州期货	中州期货有限公司	19	中州期货有限公司上海分公司，中州期货有限公司东营营业部，中州期货有限公司临沂营业部，中州期货有限公司大连营业部，中州期货有限公司成都营业部等19家
3	华茂黄金	山西华茂黄金交易有限责任公司	14	山西华茂黄金交易有限责任公司上海分公司，山西华茂黄金交易有限责任公司云南分公司，山西华茂黄金交易有限责任公司厦门分公司，山西华茂黄金交易有限责任公司吉林分公司，山西华茂黄金交易有限责任公司天津分公司等14家
4	招金黄金交易中心	山东招金投资股份有限公司	13	山东招金投资股份有限公司北京投资咨询分公司，山东招金投资股份有限公司吉林分公司，山东招金投资股份有限公司大连分公司，山东招金投资股份有限公司天津分公司，山东招金投资股份有限公司河北分公司等13家
5	贵州阳光产权交易所有限公司	贵州阳光产权交易所有限公司	12	贵州阳光产权交易所有限公司六盘水分所，贵州阳光产权交易所有限公司安顺分所，贵州阳光产权交易所有限公司毕节分所，贵州阳光产权交易所有限公司毕节办事处，贵州阳光产权交易所有限公司贵安新区分等12家
6	广西黄金投资有限责任公司	广西黄金投资有限责任公司	6	广西黄金投资有限责任公司北京分公司，广西黄金投资有限责任公司四川分公司，广西黄金投资有限责任公司广东分公司，广西黄金投资有限责任公司浙江分公司，广西黄金投资有限责任公司海南分公司等6家

序号	平台名称	机构名称	分支机构数量（家）	分支机构明细
7	南京文交所钱币邮票交易中心	江苏金翰麒电子商务有限公司	3	江苏金翰麒电子商务有限公司南京高淳东坝分公司，江苏金翰麒电子商务有限公司南京高淳古柏分公司，江苏金翰麒电子商务有限公司高淳漆桥分公司
8	大庆华富达财富投资管理有限公司	大庆华富达财富投资管理有限公司	2	大庆华富达财富投资管理有限公司双城分公司，大庆华富达财富投资管理有限公司哈尔滨分公司
9	林涌投资	上海林涌投资咨询有限公司	2	上海林涌投资咨询有限公司武汉分公司，上海林涌投资咨询有限公司舟山分公司
10	冠盈金融	深圳前海冠盈金融服务有限公司	1	深圳前海冠盈金融服务有限公司龙华分公司

2.3.3 用户情况分析

通过对 621 家名单外交易所网络监测，2019 年第一季度活跃用户 192871 人，用户主要分布于广东、山东、浙江、江苏和四川，分别为 32117 人、16683 人、15955 人、14741 人和 10178 人，上述区域用户数量占全部活跃用户的 46.5%。

抽样分析显示，在上述活跃的样本中，男性用户数量是女性用户数量的 1.6 倍。用户年龄段主要分布在 20～29 岁、30～39 岁和 40～49 岁，分别占比为 18%、29% 和 28%。具体年龄段分布见图 2-6。

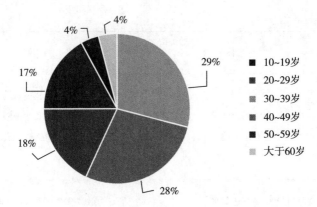

图2-6　2019年第一季度名单外交易所活跃用户的年龄段分布情况

2.3.4　关联网站访问情况分析

通过对621家名单外交易所相关网站的用户访问情况进行监测（涉及网站1775家）。2019年3月日均PV和UV用户访问量最大的前十家平台见表2-12。值得注意的是，中国书画服务中心下的关联网站数量高达719家。

表2-12　　　　　　前十大日均用户访问量最多的名单外交易所

序号	平台名称	经营主体	网址	本月PV访问量	本月UV访问量
1	红网—资产交易	湖南红网新媒体集团有限公司	http：//exchange. rednet. cn	42336000	7210666
2	中国好料	广州隆银金属材料有限公司	http：//www. chnhaoliao. com	1280000	64000
3	广西北部湾产权交易所	江西网优科技股份有限公司	http：//8071035314. shop. fengj. com	884053	276906
4	北京电力交易中心电力交易平台	—	http：//pmos. sgcc. com. cn	647040	104106
5	恒信贵金属	恒信贵金属有限公司	http：//www. hx9999. com，http：//myid. zhongshentou. com，http：//www. zhongshentou. com	322560	17280

续表

序号	平台名称	经营主体	网址	本月 PV 访问量	本月 UV 访问量
6	再塑宝	北京再塑宝科技有限公司	http：//www.zaisubao.com	268800	60114
7	上海宝玉石交易中心	中国（上海）宝玉石交易中心有限公司	https：//goods.csgje.com，http：//m.csgje.com	169600	60800
8	金联创	金联创网络科技有限公司	http：//www.315i.com，http：//info.315i.com.cn，http：//www.oil.315i.com，http：//www.z7qwr.hr9ml.pzpf36.cn，http：//www.oil.315i.com.cn	165013	15680
9	中国书画服务中心	山东艺都国际文化产业股份有限公司	http：//www.3g.sh1122.com，http：//www.zml.sh1122.com，http：//www.6hr.sh1122.com，http：//www.zey.sh1122.com 等 719 个	154311	26311
10	域名城	—	http：//www.x252f8658.domain.cn，http：//www.whois.domain.cn	146528	43168

2.3.5　关联移动 APP 情况分析

通过对名单外交易所关联 APP 用户下载情况进行监测分析，提取华为应用市场、腾讯应用宝、360 手机助手、应用宝、百度助手、豌豆荚、小米应用市场、vivo 应用市场、安卓市场、PP 助手、联想乐商店、苹果 AppStore、安智市场、历趣应用市场、91 手机助手、联通沃商店、魅族应用商店、OPPO 应用商店和应用汇 19 家应用商店下载情况分析。

经统计，2019 年 3 月发现 24 个移动 APP，累计用户总下载量达 17593 万人次。其中，新发现 9 个 APP 对应 9 个平台（对应 9 家经营主体），消亡 60 个（移动市场下架），具体名单分别见表 2-13 和表 2-14。上述新发现的 9

个 APP 用户总下载量为 17 万人次，具体名单见表 2 – 13。余下 15 个存量移动 APP 增加下载次数为 7406 万人次。其中，3 月比 12 月累计下载量增幅最大的前三大 APP 是恒信贵金属、金荣中国和鑫汇宝贵金属（香港）（分别属于恒信贵金属有限公司、金荣中国金融业有限公司和鑫汇宝贵金属有限公司）。相关移动 APP 信息如表 2 – 15 所示。

表 2 - 13 2019 年 3 月新发现名单外交易场所关联移动 APP

序号	平台名称	经营主体	所在地	APP 名称	版本号	应用市场ID	开发者	APP 简介	APP 下载量(人次)
1	中国珠宝玉石原石交易平台	中矿投资（北京）有限公司	北京市	宝玉石统一交易平台	1.0.6	应用宝	中矿投资（北京）有限公司	宝玉石统一交易平台 APP 是由中矿投资（北京）有限公司研发的一款让用户可以查看和使用多个交易所数据的 APP。中矿投资（北京）有限公司成立于 2015 年 7 月，是集珠宝玉石、互联网、金融服务于一体的综合性公司，旨在构建以"珠宝玉石＋互联网＋金融服务"为主体的全新珠宝玉石商业模式，开创珠宝玉石领域 O2O 时代先河，通过"互联网＋多元场景应用"建立了从立体上线下交易、服务圈的质价飞跃，打造中国最大的珠宝玉石线上线下交易、服务与支持的综合性大型电子商务平台	640000
2	金裕黄金	金裕环球发展有限公司	—	金裕黄金	1	360 手机助手	来自互联网	金裕黄金推出全中文安卓版 GEG Trader 是领先的手机客户端交易平台，您可以通过手机管理和查看您的账户信息、浏览报价或进行交易。下载后只需输入您的账号及密码即可登录使用。体验手机版 GEG 为您带来的强大功能，并抓住每一个交易机会，特色和功能：查看所有产品即时报价；进行市价单、挂单交易、修改订单或删除挂单；查看图表、浏览新闻，查看每日早晚金评；管理未平仓合约	18624

续表

序号	平台名称	经营主体	所在地	APP 名称	版本号	应用市场 ID	开发者	APP 简介	APP 下载量（人次）
3	万銮国际	万銮国际金号有限公司	—	万銮国际	1	应用宝	杭州傲雪企业管理咨询有限公司	本软件为万銮国际为各类编程爱好者制作的软件学习工具，万銮国际是一家科技类公司，拥有几十名专业程序员，特创立万銮国际 APP，让资深程序员们在内部论坛有一个交流的空间，如果有自己不懂的问题，就可以上传到论坛，踊跃解答，同时学习到到更加专业的知识，同时也欢迎各类编程爱好者下载使用	70000
4	金盛贵金属	香港金盛贵金属有限公司	香港特别行政区	金盛贵金属	1.0.4	360 手机助手	香港金盛贵金属有限公司	金盛贵金属，是香港金银业贸易市场 AA 类会员第 047 号行员，致力于为广大投资者打造优质、可靠的贵金属投资服务	70000

续表

序号	平台名称	经营主体	所在地	APP名称	版本号	应用市场ID	开发者	APP简介	APP下载量（人次）
5	易金在线	北京易金信德科技有限公司	北京市	易金在线	3.0.0	应用宝	北京易金信德商贸有限公司	易金在线是国内专业、权威、诚信的贵金属币领域垂直电商平台之一。集网上商城、行情资讯、在线竞价、专业服务为一体。主要交易商品包括：中国贵金属纪念币章、流通纪念币、外国贵金属纪念币章、退出流通市场的人民币、纪念钞、机制币、配件及衍生品等。无论是收藏、爱好，还是投资理财，易金在线都是广大钱币爱好者理想的交易平台 在线交易：根据贵金属币纪念币种类、价值不同，划分为精选场、大众场、综合场，方便币友们选择和交易。精选场以老、精、稀为代表的高价值纪念币为主，大众场以近年发行的新币流通纪念币为主，综合场则包括流通纪念量金属币的证书证盒等配件	50000
6	中国碳交易网	中科华碳（北京）信息技术研究院	北京市	易碳家	3.5.1	搜狗手机助手	中科华碳（北京）信息技术研究院	易碳家——中国碳交易门户网站（tanjiaoyi.com）集合了国内外的碳市场新闻资讯、碳配额/CCER碳减排指标的交易价格和行情走势预测数据分析功能，目的是为广大整排企业、会议中介经纪机构和相关从业者提供国家出台的政策规定、碳资产开发与管理、论坛活动、碳排放权交易服务、碳中和等产业链业务，从而使企业发掘和识别内部节能空间、降低能耗、提高碳资产的保值增值空间的一体化服务公益平台	40000

续表

序号	平台名称	经营主体	所在地	APP名称	版本号	应用市场ID	开发者	APP简介	APP下载量（人次）
7	深圳黄金投资有限公司	深圳黄金投资有限公司	广东省	结算中心黄金	1.0.2	历趣应用市场	深圳黄金投资有限公司	结算中心黄金是深圳黄金投资有限公司为上海黄金交易所会员——深圳金融电子结算中心研发和运营的上海黄金交易所产品交易品牌。目前，支持上海黄金交易所现货市场查看及产品交易，并同步推出国际现货行情和相关市场资讯信息，满足广大贵金属投资者随时随地实时查看交易的需求。软件使用完全免费（移动数据流量费除外），适用于各大品牌手机下载	20000
8	远东贵金属	远东贵金属有限公司	—	远东贵金属	2.8.3.3	百度助手	—	远东贵金属为远东集团成员之一，并为香港金银业贸易场062号行员。本集团实力雄厚，致力于多元化国际金融产品，包括：贵金属投资部、地产代理部、资本策划部等。凭借丰富投资经营及熟悉国内投资市场发展的优势，绝对有利于集团协助香港以至全国内投资者掌握最好的致富机遇	12551

续表

序号	平台名称	经营主体	所在地	APP名称	版本号	应用市场ID	开发者	APP简介	APP下载量（人次）
9	亚太金业	亚太金业有限公司	—	亚太金业	1.0.14	小米应用商店	亚太金业有限公司	亚太金业是香港金银业贸易场88号行员，拥有最高级别的AA类市场交易营业牌照，是专业可靠的伦敦金、伦敦银投资交易平台	10000

表 2-14　　2019 年 3 月消亡的名单外交易场所关联移动 APP

序号	平台名称	经营主体	APP 名称	版本号	开发者	APP 简介
1	金十	山西金十贵金属经营有限公司	金十数据	2.2.17	—	产品简介：金十数据是财经新闻头条和金融资讯 APP，致力于做比新闻更快的新闻，是亿万贵金属、原油、白银、黄金、外汇等投资者的财经资讯宝典。产品特色：7×24 小时网罗原油、贵金属、黄金、白银、股票头条情报及时播报。原创专栏：原创专栏——金十早报，环球新闻社、华尔街时刻、财经时事、期货头条等，每早专家给您前瞻当天财经形势，详细解析全球金融外汇财经策略、自选股票能预见，内容精彩。大数据诊断：从基本面、新闻舆情、技术面、资金面全面诊断个股价值，让您掌握股市先机。股市直播：财经大牛深度剖析解读股市机会，公告、研究报告推送即时到达
2	大宗商品贸易	上海大宗贸易有限公司	好友邦众筹	2.7.2	好友邦永利金融信息服务（上海）有限公司	好友邦永利金融信息服务（上海）有限公司（以下简称好友邦金服）成立于 2014 年 10 月，公司注册于中国上海自由贸易试验区，实缴资本 5000 万元人民币。公司控股股东为青旅南方投资（北京）有限公司，是从事旅游、房地产、金融以及高科技等领域投资项目的综合类企业。另一股东为上海昊银国际贸易有限公司，是主要从事航空器材和大宗商品贸易等业务的国际性公司。好友邦金服受凯洛斯航空股权投资租赁（上海）有限公司以及上海凯洛斯航空股权投资基金管理有限公司委托，为其提供物权众筹项目发布或信息展示服务，对广大有财富增值需求的用户起到认筹服务桥梁作用

续表

序号	平台名称	经营主体	APP 名称	版本号	开发者	APP 简介
3	上海石油交易所（新）	上海石油交易所	口袋原油	1.0.0	—	口袋原油是一款专业手机掌上石油看盘软件，软件提供93#汽油、97#汽油、石油、天然气、燃料油、汽油、原油、外汇等市场行情报价，行情直通各大交易所，是市场上最及时、准确的原油报价软件，结合强大的财经资讯，消息建议的及时推送等全方位消息面解析实时行情，软件横跨多个移动平台，行情做到云同步
4	中国国际文化产权交易所	中国国际文化产权交易所有限公司	国际文交所	1.0.4	中国国际文化产权交易所有限公司	中国国际文化产权交易所有限公司成立于2017年，位于中国香港。公司致力于建立一个为各类文化艺术艺术收藏品服务的国际化交易平台，最便利服务的国际大陆多家交易平台、电商平台，鉴定评估机构和仓储机构等建立了重要合作伙伴关系，将从不同层面满足艺术品及艺术衍生品创作者、收藏者、投资者，消费者及经营者的各类需求，为各国家或地区的文化艺术收藏品爱好者和投资者们提供一个展示、交流、流通的管道，共同建立国际文化艺术品互联网交易网生态圈
5	齐鲁商品交易中心有限公司	青岛齐鲁商品现货交易中心有限公司	齐鲁商品	6.0.0	杭州君光企业管理咨询有限公司	齐鲁商品交易中心：强大名师讲解，听名师讲解投资实况。手机观看直播，以及每日操作建议，听名师讲解金融资讯、行情走势名师分析指导。每日市场指数，每日资讯、原油、贵金属、石油、黄金、白银、沥青、天通金、纸白银、铂金和铜铝镍等交易市场即时报价查看。市场数据、市场指数、外汇牌价等信息实时跟踪，轻松把握每日焦点，把握大行情总览全球财经大事件，轻松把握每日焦点，把握大行情

序号	平台名称	经营主体	APP名称	版本号	开发者	APP简介
6	青岛九州商品交易中心	青岛九州商品现货交易有限公司	九州通	Android 2.2.x以上	青岛九州商品交易中心有限公司	九州通交易系统是一款在移动平台上开发的金融终端，主要采用列表和图形的方式展现贵金属相关品金的行情及走势，通过资讯列表查看最新的贵金属市场动态，投资者只需选中某一品种就可以方便快捷地进行交易，并且通过持仓明细、持仓汇总、平仓单、资金账户可以详细了解交易明细。特色功能：支持行情的实时推送，行情数据更新更加及时准确，支持市价单、限价单、撤销委托单等操作
7	中国珠宝玉石原石交易平台	中矿投资（北京）有限公司	禾商所珠宝玉石交易平台	1.3	中矿投资（北京）有限公司	禾商所交易平台APP。中国珠宝玉石原石交易平台是大型文化央企旗下的珠宝玉石文化金融投资机构——中矿投资（北京）有限公司投资创建研发的，它以创新的交易模式，采用体验式交易服务体系——珠利会，实现"互联网＋多家交易所"联动、多元交易的增值投资
8	天拓	香港天拓金融有限公司	拓天慧租	2.3.6	拓天伟业（北京）资产管理集团有限公司	拓天慧租是拓天资产为用户提供的汽车消费分期服务。用户可以在APP中进行申请租车、费用分期支付及联系保养维修服务。拓天慧租秉承规范、诚信经营，为广大客户提供优质便捷的服务
9	金盛金融	武汉罗蒂正嘉成投资管理有限公司	金盛金融	1.1.5	深圳市德曼科技有限公司	主要提供现货黄金、现货白银、外汇、A50、期权、易汇六大投资产品的在线投资交易。金盛金融致力于为客户提供"一站式""电子金融服务。客户可通过金盛金融APP进行账单查询操作。同时不断壮大集团分析师队伍，总部汇集了全球49名顶尖的分析师，还有中国大陆地区央视特邀嘉宾坐镇的分析部门。为客户提供一对一服务，从零基础入门迈入资深投资人士行列，技巧分析全部掌握，更为投资者保驾护航。本站提供手机版金盛金融下载

续表

序号	平台名称	经营主体	APP名称	版本号	开发者	APP简介
10	江西省九龙湖投资品交易中心	江西省九龙湖投资品交易中心有限公司	江投所购销	3.2.4	江西省九龙湖投资品交易中心有限公司	江西省九龙湖投资品交易中心有限公司是由江西省金融办批准设立的以绿茶、玉石为主要交易品种,集采购、仓储、运输、分销、融资为一体的综合型交易场所。为更好地服务客户,交易中心特推出手机客户端,为客户提供商品买卖、信息查询、公告阅览等功能

表 2 – 15　　　现有存量的名单外交易所关联移动 APP 下载统计

序号	APP 名称	平台名称	经营主体	版本号	开发者	2018 年 12 月下载量（人次）	2019 年 3 月下载量（人次）	2019 年 3 月与 2018 年 12 月下载量差值（人次）
1	恒信贵金属	恒信贵金属	恒信贵金属有限公司	3.34	来自互联网	16422421	58325764	41903343
2	鑫圣金业	香港鑫圣金业集团有限公司	香港鑫圣金业集团有限公司	2.5.4	香港鑫圣金业集团有限公司	50060326	44092353	– 5967973
3	鑫汇宝贵金属	鑫汇宝贵金属（香港）	鑫汇宝贵金属有限公司	1.8.3	鑫汇宝贵金属有限公司（官网）	18105833	28185833	10080000
4	钜丰贵金属	钜丰金业	钜丰金业有限公司	1.1.1	钜丰金业有限公司	13568042	18585925	5017883
5	金荣中国	金荣中国	金荣中国金融业有限公司	1.1.7	金荣中国金融业有限公司(官网)	9000	15640000	15631000
6	领峰贵金属	领峰贵金属	领峰贵金属有限公司	2.2.8	深圳前海领峰贵金属有限公司（官网）	8701553	9903967	1202414
7	百微操盘	幸福投资网	上海旭贵实业有限公司	1.1.1	幸福黄金网	640000	778416	138416
8	云诺东方新零售	云诺文化艺术品交易中心	云诺文化艺术品交易中心有限公司	1.0.19	云诺艺术品交易中心	100000	100000	0
9	融资线	融资线	上海豆伴互联网金融信息服务有限公司	2.9.0	—	1224	51176	49952
10	金联创	金联创	金联创网络科技有限公司	4.02	金联创网络科技有限公司	2	41169	41167

2.3.6 关联微信公众号情况分析

2019 年第一季度监测发现 621 家名单外交易所关联 415 家微信公众号。相关微信公众号关联平台情况如表 2 - 16 所示。

表 2 - 16 **2019 年第一季度名单外交易场所关联微信公众号存量情况**

序号	平台名称	经营主体	所在地	公众号名称	认证主体	简介
1	91 金属	上海钢银商贸有限公司	上海市	91 金属	上海钢银商贸有限公司	91 金属立足有色金属产业链，采用自营＋撮合模式，提供工业白银、锢、铜、铝、铅、锌等大宗商品现货交易服务，致力于打造成中国最大的有色金属现货交易平台
2	e 交易	江苏易交易信息科技有限公司	江苏省	e 交易网	常州创业投资集团有限公司	e 交易平台是集非标资产交易与招标采购为一体的新型 O2O 电商平台。该平台将生态流量分发与线下服务相结合，并具备高科技传媒展现与大数据精准营销能力，为中介机构、企业和个人的交易提供"一站式"、全方位的综合在线服务
3	爱淘稿	广州淘联信息技术有限公司	广东省	爱淘稿	个人	原创内容版权交易平台。汇集财经类媒体最新资讯，经济学者等意见领袖观点，自媒体最新原创内容。为各大媒体、自媒体、商业网站和用户提供实时原创内容的合法便捷授权渠道，在线约稿和监测维权等服务

序号	平台名称	经营主体	所在地	公众号名称	认证主体	简介
4	安汇达	上海有色网金属交易中心有限公司	上海市	安汇达财税服务	—	财税服务
5	佰卓农牧业	内蒙古佰卓农牧业有限公司	内蒙古自治区	佰卓农牧业	内蒙古佰卓农牧业有限公司	农牧业信息咨询，农业科技、技术领域内的技术开发、技术服务、技术咨询、技术转让，农作物的种植、瓜果蔬菜采摘等
6	北京贵金属交易所	北京贵金属交易所有限责任公司	北京市	北京贵金属交易所	—	贵金属交易
7	北京四板市场	中关村股权交易服务集团有限公司	北京市	北京四板市场	北京股权交易中心有限公司	相关资讯分享，企业展示、企业挂牌、股权转让、定向增资、私募债券融资、并购重组、营销宣传、会员入会、企业相关培训、企业路演等
8	必赢反向跟单	洛阳期述网络科技有限公司	河南省	必赢反向跟单	—	这是一家专注于研究国内商品期货反向跟单交易策略的机构。其有十年的期货程序化交易经验。在实践中积累了大量的反向数据以及实践经验

序号	平台名称	经营主体	所在地	公众号名称	认证主体	简介
9	朝天核桃交易中心	广元朝天天府商品交易所核桃交易中心有限公司	四川省	朝天核桃交易中心	广元朝天天府商品交易所核桃交易中心有限公司	交易中心依托天府商品交易所全国体系，将建成全省及全国核桃产业链的交易中心与资源整合平台，交易中心具有商品定价、现代贸易、商品投资、信息传导、现代物流等功能
10	翠绿金业	深圳市翠绿金业有限公司	广东省	翠绿金业	深圳市翠绿金业有限公司	翠绿金业，第三方金融服务机构

第三章　地方交易场所风险分析

风险状况分析专注于平台基本情况产生的主要异常风险，主要展示 7 大异常风险，涉及违规关键词、ICP 备案、注册地、ICP 备案地和注册地不一致、服务器部署位置、负面舆情、关联平台。上述风险在交易场所平台风险中，出现频率高，涉及范围广。

3.1　舆情情况分析

基于交易场所若干典型负面舆情，分别从宏观负面舆情和微观专题舆情两个维度进行统计分析。这里可以看到涉嫌负面舆情数量最多的头部平台、平台分布区域、舆情信息详情等。本章分别针对名单内、名单外交易所进行 2019 年第一季度舆情监测分析。舆情内容涉及涉嫌诈骗、涉嫌群体事件、涉嫌失联和涉嫌违规操作等。

本部分针对名单内、名单外分别进行相应的舆情分析。

3.1.1　名单内交易场所

通过对 426 家名单内交易所进行舆情监测分析，发现 6 家平台涉及多种违法行为，相关舆情新闻共有 6 条。违法行为涉及涉嫌诈骗、群体事件和涉嫌违规操作。其中，大部分交易所涉及涉嫌诈骗的负面舆情新闻。3 家平台涉及涉嫌违规操作的负面舆情新闻。具体信息见表 3 – 1。

表3-1　　　　　　　　　名单内交易场所舆情信息列表

序号	经营主体	平台名称	来源	时间	舆情类型
1	安徽文化艺术品交易中心股份有限公司	安徽文化艺术品交易中心（皖）	微博，用户6002633514（https：//weibo.com/6002633514/Hk9jCDNE7）	2019年3月9日	涉嫌诈骗，涉嫌违规操作（虚假宣传）
2	贵州西部农产品交易中心有限公司	贵州西部农产品交易中心	新闻，豫中资讯（http：//www.ppsjj.cn/jiancai/11660.html）	2019年3月9日	涉嫌诈骗，涉嫌违规操作（T+0交易）
3	康美（广东）中药材交易中心有限公司	康美e药谷	微信，秦枫法律援助（https：//mp.weixin.qq.com/s？src=11&timestamp=1553761044&ver=1511&signature=U8yDdUSJgdoDV9L0Fdv05＊eR7b-jHYzdu9MwljefogoeuTb2DlNQ36H8gkcUPuLq5J4IRJEIVc5uIzXlBKKz30-9053a-BMQLq8aLc6jws43j7oHPMbkjCC0BeoXH4Zi&new=1）	2019年3月6日	涉嫌诈骗
4	西部产权交易所有限责任公司	西部产权交易所	微博，人民法院报（https：//weibo.com/3268047813/HiU-iLB0aS？type=comment）	2019年3月1日	涉嫌非法集资
5	浙江新华大宗商品交易中心有限公司	新华大宗	新闻，百姓参要网（https：//qingbao001.com/a/qiyedongtai/2019/0113/279171.html）	2019年1月13日	涉嫌诈骗，涉嫌违规操作（未获相关部门批准经营期货交易的资格、T+0交易）

序号	经营主体	平台名称	来源	时间	舆情类型
6	广西文化艺术品产权交易所有限责任公司	广西文交所	微博，用户6042013007（http：//weibo.com/6042013007/HaQjMusrl）	2019年1月7日	涉嫌诈骗

备注：涉嫌违规操作的判定标准：1. 不得将任何权益拆分为均等份额公开发行。2. 不得采取集中交易方式进行交易。3. 不得将权益按照标准化交易单位持续挂牌交易。4. 权益持有人累计不得超过200人。5. 不得以集中方式进行标准化合约交易。6. 未经国务院相关金融管理部门批准，不得设立从事保险、信贷、黄金等金融产品交易的交易场所。如符合上述政策中的任何一条，则判定为涉嫌违规。

3.1.2 名单外交易场所

通过对621家名单外交易所进行舆情监测分析，2019年第一季度发现13家平台涉及多种违法行为，相关舆情新闻共有14条。违法行为涉及涉嫌诈骗、非法集资和涉嫌违规操作。其中，大部分交易所涉及涉嫌诈骗的负面舆情新闻。具体信息见表3-2。

表3-2　　　　　　　　名单外交易所舆情信息列表

序号	经营主体	平台名称	来源	时间	舆情类型
1	恒信贵金属有限公司	恒信贵金属	微博，恒信贵金属有限公司诈骗（https：//weibo.com/6157194204/HlFSlh5Bi？type=comment）	2019年3月19日	涉嫌诈骗
2	新疆中州商品电子交易平台有限公司	新疆中州商品交易平台	微博，用户6867277571（https：//weibo.com/6867277571/HhF7rirJR？type=comment#_rnd1554279462401）	2019年3月19日	涉嫌诈骗，涉嫌违规操作（非法集资）
3	恒瑞金号有限公司	恒瑞金号	微博，锋刃专业维权，（ht-tp：//weibo.com/6673102120/HhniA5PC4）	2019年3月12日	涉嫌诈骗
4	青岛九州商品现货交易中心有限公司	青岛九州商品交易中心	微博，用户6895556849（https：//weibo.com/6895556849/Hah65FhSy？type=comment）	2019年3月11日	涉嫌诈骗

续表

序号	经营主体	平台名称	来源	时间	舆情类型
5	钜丰金业有限公司	钜丰金业	微博，温城少年（https：//weibo.com/5727577533/HhQgV5pr2？type=comment）	2019 年 3 月 9 日	涉嫌诈骗
6	广西黄金投资有限责任公司	广西黄金投资有限责任公司	微博，梦洁冉（https：//weibo.com/6331956301/H8TmP7qEb？type=comment）	2019 年 2 月 5 日	涉嫌诈骗，涉嫌违规操作（虚假宣传）
7	青岛齐鲁商品现货交易中心有限公司	齐鲁商品交易中心	微博，远方的思念01086（https：//weibo.com/6810985749/HalSfANcp？type=comment）	2019 年 2 月 5 日	涉嫌诈骗，涉嫌违规操作（未经金融管理部门批准，设立从事期货交易）
8	远东贵金属有限公司	远东贵金属	贴吧，远东贵金属吧（http：//tieba.baidu.com/p/6071735326）	2019 年 1 月 25 日	涉嫌诈骗，涉嫌违规操作（未经金融部门批准，非法设立黄金交易）
9	福建汉唐紫金实业有限公司	汉唐紫金	新闻，诚搜曝光网（http：//chengsou.net/fanpian/85855.html）	2019 年 1 月 15 日	涉嫌诈骗
10	金荣中国金融业有限公司	金荣中国	微博，外汇维权咨询（http：//weibo.com/6632837653/HaIWVz-pQ4）	2019 年 1 月 6 日	涉嫌诈骗

备注：涉嫌违规操作的判定标准，1. 不得将任何权益拆分为均等份额公开发行。2. 不得采取集中交易方式进行交易。3. 不得将权益按照标准化交易单位持续挂牌交易。4. 权益持有人累计不得超过200人。5. 不得以集中方式进行标准化合约交易。6. 未经国务院相关金融管理部门批准，不得设立从事保险、信贷、黄金等金融产品交易的交易场所。如符合上述政策中的任何一条，则判定为涉嫌违规。

3.2 ICP 未备案情况分析

通过分别针对名单内、名单外交易所网站进行 ICP 备案情况监测，发现如下。

3.2.1 名单内交易场所

名单内交易场所关联 646 家网站中有 159 家网站未进行 ICP 备案，占比 25%。上述 159 家网站，对应 93 家平台和 87 家经营主体。表 3 - 3 列出 10 个未备案平台具体信息，其中 5 个平台的经营主体在重庆市，且其中 4 个平台的经营主体都是重庆联合产权交易所集团股份有限公司；其余 5 个平台的经营主体都在浙江省，其中两家都由杭州叁点零易货交易所有限公司经营。

表 3 - 3　　　　　　　　ICP 未备案名单内交易所相关信息

序号	网址	平台名称	经营主体	所在地
1	http：//ggzydl. cqggzy. com	重庆市公共资源交易中心	重庆联合产权交易所集团股份有限公司	重庆市
2	http：//jiaoyi. pazhengfuyun. com	政府一账通	重庆金融资产交易所有限责任公司	重庆市
3	http：//test. cqggzy. com	重庆市公共资源交易中心	重庆联合产权交易所集团股份有限公司	重庆市
4	http：//www. recycle. cquae. com	重庆市加工贸易废料交易平台	重庆联合产权交易所集团股份有限公司	重庆市
5	http：//ztb. cqggzy. com	重庆市公共资源交易中心	重庆联合产权交易所集团股份有限公司	重庆市
6	http：//deyangjiaoyu. cn	新华大宗	浙江新华大宗商品交易中心有限公司	浙江省
7	http：//fae. chi－nbee. com	宁波股权交易中心	宁波股权交易中心有限公司	浙江省
8	http：//m. zjatip. com	阿特多多	浙江阿特多多知识产权交易中心有限公司	浙江省

序号	网址	平台名称	经营主体	所在地
9	http：//www.2fbbs.ehuoo.com	杭州叁点零易货交易所	杭州叁点零易货交易所有限公司	浙江省
10	http：//www.member.ehuoo.com	杭州叁点零易货交易所	杭州叁点零易货交易所有限公司	浙江省

3.2.2　名单外交易场所

名单外交易所关联 1775 家中有 1268 家网站未进行 ICP 备案，占比达71%。上述 1268 家网站，对应 281 家平台以及 170 家经营主体。表 3-4 列出10 家名单外平台关联网站的 ICP 未备案具体信息，可以看出，10 家平台中，有 9 家经营主体都位于浙江省，其余 1 家位于重庆。前 5 家平台分别是农产品现货交易、早票网、嘉兴中国华凝交易市场、浙江弘裕大宗商品交易中心、HYCM 兴业投资（英国）。

表 3-4　　　　　　　ICP 未备案名单外交易所相关信息

序号	网址	平台名称	经营主体	所在地
1	http：//www.ncpdz.com	农产品现货交易	奉节县坤诚中药材种植股份合作社	重庆市
2	http：//test.zaopiaowang.com	早票网	杭州早票网信息科技有限公司	浙江省
3	http：//www.blog.zjcomec.com	嘉兴中国华凝交易市场（浙）	宁波弘春新商贸有限公司	浙江省
4	http：//www.gqhoney.com	浙江弘裕大宗商品交易中心	浙江弘裕贸易有限公司	浙江省
5	http：//www.hycm.co.uk	HYCM 兴业投资（英国）	浙江狙金资产管理有限公司	浙江省
6	http：//www.sdds　-　gov　-cn.zjcomec.com	嘉兴中国华凝交易市场（浙）	宁波弘春新商贸有限公司	浙江省
7	http：//www.sjzyckj.com	浙江弘裕大宗商品交易中心	浙江弘裕贸易有限公司	浙江省

续表

序号	网址	平台名称	经营主体	所在地
8	http：//www. xn-qrq722mx1c30q. com	赞佳黄金	浙江赞佳黄金股份有限公司	浙江省
9	http：//www. zcipcn. com	香港文汇交易所知识产权交易中心	浙江知创知识产权服务有限公司	浙江省
10	http：//www. test. nbcqjy. org	宁波产权交易中心	宁波产权交易中心有限公司	浙江省

3.3　无注册地情况分析

监测平台分别针对名单内、名单外交易所进行机构注册地监测分析，发现如下。

3.3.1　名单内交易场所

名单内交易所关联402家经营主体，未发现无注册地的情况。

3.3.2　名单外交易场所

名单外交易所关联463家经营主体中有37家无注册地，占比8%。上述37家经营主体对应182家平台。表3-5给出10家无注册地的交易平台信息，从ICP备案号中可以看出，其中有7家平台网站备案地是浙江，其余3家位于广东，前5家平台分别是纸金网、白银网、凡人资本、中国茧丝绸交易市场、聚贸农产品平台。

具体信息见表3-5。

表3-5　　　　　　　无注册地名单外交易所相关信息

序号	网站	平台名称	经营主体	ICP备案号
1	http：//www. hjjg. org	纸金网	—	浙ICP备16032008号
2	http：//www. zhongguobaiyin. com	白银网	—	浙ICP备16032008号

序号	网站	平台名称	经营主体	ICP 备案号
3	http：//www. fanren－capital. com	凡人资本	—	浙 ICP 备 16030275 号
4	http：//www. eccse. net	中国茧丝绸交易市场	—	浙 ICP 备 15025809 号
5	http：//www. jumorencp. com	聚贸农产品平台	—	浙 ICP 备 15010831 号
6	http：//www. chiawesomebuy. com	Meta Trader 4	—	浙 ICP 备 12008490 号
7	http：//www. qzggzy. com	衢州市公共资源交易网	—	浙 ICP 备 11033979 号
8	http：//www. henyepmarkets. com	兴业投资	—	粤 ICP 备 18090382 号
9	http：//www. aiycl. cn	艾云策略	—	粤 ICP 备 18072150 号
10	http：//www. sancif. com	三次方投资	—	粤 ICP 备 18065363 号

3.4　机构注册地与网站备案地址不一致的情况分析

通过分别针对名单内、名单外交易所进行机构注册地与网站备案地址是否一致的监测分析，发现如下。

3.4.1　名单内交易场所

名单内交易所关联 646 家网站，存在 490 家网站有对应的经营主体注册地和其网站备案地址。其中 26 家网站的经营主体注册地与其网站备案地址不一致，占比 5%。上述 26 家网站对应 23 家平台以及 23 家经营主体。表 3－6 列出了 10 家平台经营主体注册地与网站备案地不符的情况，这 10 家经营主体分别位于浙江省、云南省、江西省、山西省、陕西省、山东省、辽宁省、天津市、上海市 10 个省（自治区、直辖市），而 ICP 备案地分别位于上海市、四川省、河南省、河北省、浙江省、江苏省 6 个省（自治区、直辖市）。

表 3 – 6   注册地和网站备案地不符的名单内交易所相关信息

序号	网址	平台名称	经营主体	所在地	ICP 备案号
1	http：//www. 30scp. com	杭州叁点零易货交易所	杭州叁点零易货交易所有限公司	浙江省	沪 ICP 备 15022593 号
2	http：//www. chnptt. com	云南天府马铃薯交易中心	云南天府马铃薯交易中心有限公司	云南省	蜀 ICP 备 12001347 号
3	http：//www. cncpe. cc	景德镇陶瓷交易所	景德镇陶瓷交易所有限公司	江西省	沪 ICP 备 17035090 号
4	http：//www. zzyhong. com	江苏新沿海商品交易中心	江苏新沿海商品交易中心有限公司	江苏省	豫 ICP 备 10024773 号
5	http：//lovewalls. cn	滨海金融	滨海（天津）金融资产交易中心股份有限公司	天津市	冀 ICP 备 17027420 号
6	http：//www. lyou360. com	上海华通铂银交易市场	上海华通铂银交易市场有限公司	上海市	浙 ICP 备 09042211 号
7	http：//www. ykqxhb. com	西安环海陆港商品交易中心	西安环海陆港商品交易中心有限公司	陕西省	浙 ICP 备 15027964 号
8	http：//www. gocyprus. com. cn	山西省产权交易中心	山西省产权交易中心股份有限公司	山西省	沪 ICP 备 15042678 号
9	http：//www. chlpulp. com	日照大宗商品交易中心	日照大宗商品交易中心有限公司	山东省	苏 ICP 备 15038547 号
10	http：//www. sypme. com	东北亚镁质材料交易中心	东北亚镁质材料交易中心有限公司	辽宁省	蜀 ICP 备 12016778 号

3.4.2 名单外交易场所

名单外交易所关联 1775 家网站，存在 430 家网站有对应的经营主体注册地和其网站备案地址。其中 57 家网站的经营主体注册地与其网站备案地址不一致，占比 13%。上述 57 家网站对应 36 家平台以及 34 家经营主体。表 3-7 列出了 10 家平台经营主体注册地与网站备案地不符的情况，这 10 家经营主体分别位于上海市、云南省、福建省、江苏省、香港特别行政区、山东省 5 个省（自治区、直辖市），而 ICP 备案地分别位于云南省、吉林省、上海市、江西省、河北省 5 个省（自治区、直辖市）。

表 3-7　　　注册地和网站备案地不符的名单外交易所相关信息

序号	网址	平台名称	经营主体	所在地	ICP 备案号
1	http://www.ljluguhu.com	华纳国际	乾货（上海）互联网金融信息服务有限公司	上海市	滇 ICP 备 16005618 号
2	http://www.zhangjiehy.com	上海新三板股权全国招商	上海弘育股权投资基金管理（集团）有限公司	上海市	吉 ICP 备 18003856 号
3	http://www.xsme.com	西双版纳商品交易所	西双版纳商品交易中心股份有限公司	云南省	沪 ICP 备 11038786 号
4	https://www.dianpiao.site	微票宝	汇圈（厦门）信息科技有限公司	福建省	沪 ICP 备 14033960 号
5	http://www.zgwjsqbyp.com	南京文交所钱币邮票交易中心	江苏金翰麒电子商务有限公司	江苏省	沪 ICP 备 14052554 号
6	http://www.golday.com	金盛贵金属	香港金盛贵金属有限公司	香港特别行政区	沪 ICP 备 18039241 号

序号	网址	平台名称	经营主体	所在地	ICP 备案号
7	http：//www.mfp2p.cn	金盛贵金属	香港金盛贵金属有限公司	香港特别行政区	赣 ICP 备 15008317 号
8	http：//www.tonghejt.com	中合能源交易中心	东营中合农副产品交易中心有限公司	山东省	冀 ICP 备 13008577 号
9	http：//www.sjzhyzx.cn	东营中合能源交易中心	东营中合农副产品交易中心有限公司	山东省	冀 ICP 备 13017986 号
10	http：//www.zjkqyjsq.com	东营中合能源交易中心	东营中合农副产品交易中心有限公司	山东省	冀 ICP 备 17002349 号

3.5　服务器在境外以及港澳台地区的情况分析

通过分别针对名单内、名单外交易所网站进行网站 IP 地址情况监测。发现如下。

3.5.1　名单内交易场所

名单内交易所关联 646 家网站中有 66 家网站 IP 地址处于境外以及港澳台地区。上述 66 家网站中对应 38 家平台和 36 家经营主体。其中，监测平台未发现 7 家网站的 IP 地址，对应 5 家平台以及 4 家经营主体。表3－8列出了 10 家平台关联网站服务器在境外及港澳台地区，其中上海华通铂银交易市场、东北亚镁质材料交易中心、江苏化工品交易中心、贵州中进大宗商品交易中心这 4 家平台关联网站的服务器位于香港特别行政区；河南亚太有色金属现货交易市场、新疆新粮粮油交易中心、民商大宗商品交易中心、新疆中亚商品交易中心这 4 家平台关联网站的服务器位于美国；剩余 2 家平台服务器分别位于韩国和新加坡。

表3-8　　　　服务器在境外以及港澳台地区的名单内交易所

序号	网址	平台名称	机构名称	所在地	ICP备案号	IP地址	IP所在地区
1	http：//www.ykqxhb.com	西安环海陆港商品交易中心	西安环海陆港商品交易中心有限公司	陕西省	浙ICP备15027964号	180.131.50.99	韩国
2	http：//www.lyou360.com	上海华通铂银交易市场	上海华通铂银交易市场有限公司	上海市	浙ICP备09042211号	103.72.167.79	香港特别行政区
3	http：//www.zzmeml.cn	东北亚镁质材料交易中心	东北亚镁质材料交易中心有限公司	辽宁省	豫ICP备13013025号	103.71.236.102	香港特别行政区
4	http：//www.chnhawk.cn	河南亚太有色金属现货交易市场	河南亚太有色金属物流园有限公司	河南省	豫ICP备10000743号	192.186.23.23	美国
5	http：//www.zzaee.com	株洲市产权交易中心	株洲市产权交易中心有限公司	湖南省	湘ICP备06008387号	149.129.107.131	新加坡
6	http：//www.nthchwl.com	新疆新粮粮油交易中心	新疆新粮粮油交易中心有限公司	新疆维吾尔自治区	苏ICP备14001290号	192.186.23.20	美国
7	http：//www.jiugold.com	民商大宗商品交易中心	民商大宗商品交易中心有限公司	湖北省	苏ICP备12079089号	192.186.23.20	美国
8	http：//www.yzrtdt.com	新疆中亚商品交易中心	新疆中亚商品交易中心股份有限公司	新疆维吾尔自治区	苏ICP备12077819号	192.186.23.24	美国
9	http：//www.zjg56.com	江苏化工品交易中心	江苏化工品交易中心有限公司	江苏省	苏ICP备05027096号	47.90.16.109	香港特别行政区

续表

序号	网址	平台名称	机构名称	所在地	ICP备案号	IP地址	IP所在地区
10	http://www.cdjgsj.cn	贵州中进大宗商品交易中心	贵州中进大宗商品交易中心有限公司	贵州省	蜀ICP备16017340号	45.248.69.66	香港特别行政区

表3-9列出了5家未发现关联网站服务器IP地址所在地的平台具体信息，其中3家平台经营主体所在地位于山东省，剩余2家位于广东省。

表3-9　　　未发现关联网站服务器IP地址所在地的名单内交易所

序号	网址	平台名称	经营主体	所在地	ICP备案号	IP地址	IP所在地区
1	http://221.1.222.175	牡丹国际商品交易中心	牡丹国际商品交易中心有限公司	山东省	鲁ICP备17050736号	—	未知
2	http://etrade.chiyouthgem.com	广州金融资产交易中心	广州金融资产交易中心有限公司	广东省	—	113.108.214.51	未知
3	http://www.km518.cn	康美e药谷	康美（广东）中药材交易中心有限公司	广东省	粤ICP备18055983号	120.79.229.66	未知
4	http://www.ygcgfw.cn	山东产权交易中心——阳光采购服务平台	山东产权交易中心有限公司	山东省	鲁ICP备10201216号	117.50.41.234	未知
5	http://www.ygcgfw.com	山东产权交易中心	山东产权交易中心有限公司	山东省	鲁ICP备10201216号	117.50.41.234	未知

备注："未知"是指监测平台对网站进行多项不同维度的解析（诸如回环地址、IANA、IANA保留地址、环回地址、保留地址、局域网地址和本地局域网等），始终未能探测到IP所在地址。此时监测平台认定为"未知"。

3.5.2 名单外交易场所

名单外交易所关联 1775 家网站中有 477 家网站 IP 地址在境外。上述 477 家网站中对应 272 家平台和 164 家经营主体。其中，未发现 18 家网站的 IP 地址，对应 14 家平台以及 12 家经营主体。表3－10列出了 10 家平台关联网站服务器在境外，其中香港寰宇创赢知识产权交易所、广州金控、万隆金银业有限公司、华地晟元、深圳联合国际酒类交易所、香港鑫圣金业集团有限公司这 6 家平台关联网站的服务器位于香港特别行政区；剩余 4 家平台服务器分别位于南非、美国、加拿大和新加坡。

表 3－10　　　　　　　　服务器在境外的名单外交易所

序号	网址	平台名称	机构名称	所在地	ICP 备案号	IP 地址	IP 所在地区
1	http://www.hkhycy.com	香港寰宇创赢知识产权交易所	浙江创赢知识产权服务有限公司	浙江省	浙 ICP 备 18020809 号	47.90.101.192	香港特别行政区
2	http://www.clxyl.net	天拓	香港天拓金融有限公司	香港特别行政区	浙 ICP 备 16045997 号	154.90.103.68	南非
3	http://www.zzlhchh.com	天拓	香港天拓金融有限公司	香港特别行政区	豫 ICP 备 14014458 号	154.90.105.216	美国
4	http://www.3dspray.cn	广州金控	广州金控期货有限公司	广东省	浙 ICP 备 16036411 号	45.248.69.66	香港特别行政区
5	https://www.95go.com	金算子	深圳市财易通智金互联网股份有限公司	广东省	粤 ICP 备 17037719 号	47.107.26.100	加拿大
6	http://www.manloong.com	万隆金银业有限公司	万隆金银业有限公司	—	粤 ICP 备 17003882 号	202.77.52.65	香港特别行政区

续表

序号	网址	平台名称	机构名称	所在地	ICP 备案号	IP 地址	IP 所在地区
7	http：// www. safechaxun. com	华地晟元	深圳华地晟元资产管理有限公司	广东省	粤 ICP 备 19018179 号	47. 75. 173. 15	香港特别行政区
8	http：// www. 913ex. com	深圳联合国际酒类交易所	深圳联合国际酒类交易中心有限公司	广东省	粤 ICP 备 18136644 号	47. 75. 157. 197	香港特别行政区
9	http：// www. xs9999. tech	香港鑫圣金业集团有限公司	香港鑫圣金业集团有限公司	香港特别行政区	粤 ICP 备 18135066 号	103. 70. 224. 225	香港特别行政区
10	http：// www. henyepmarkets. com	兴业投资	—	—	粤 ICP 备 18090382 号	54. 169. 147. 186	新加坡

表 3 - 11 列出了 10 家未发现关联网站服务器 IP 地址所在地的平台具体信息，其中 3 家平台经营主体不详，剩余 8 家平台经营主体位于香港特别行政区、浙江省、四川省、陕西省、上海市、吉林省和广西壮族自治区。

表 3 - 11　　　　未发现服务器 IP 地址所在地的名单外交易所

序号	网址	平台名称	经营主体	所在地	ICP 备案号	IP 所在地区
1	http：//www. slgold88. com	旭隆金业	旭隆金业（香港）有限公司	香港特别行政区	浙 ICP 备 18019329 号	未知
2	http：//117. 149. 146. 108	嘉兴市公共资源交易中心	嘉兴市公共资源交易中心	浙江省	浙 ICP 备 18006469 号	未知
3	http：//183. 62. 138. 189	南交所	—	—	粤 ICP 备 10235378 号	未知

续表

序号	网址	平台名称	经营主体	所在地	ICP 备案号	IP 所在地区
4	http：//183.62.138.190	南交所	—	—	粤 ICP 备10235378 号	未知
5	http：//www.tamigos.com	塔米狗	北交金科金融信息服务有限公司	四川省	蜀 ICP 备10206333 号	未知
6	http：//www.xa1633.com	西安科易网	西安科知易网络技术有限公司	陕西省	陕 ICP 备14011369 号	未知
7	http：//www.jnggzy.cn	济南公共资源交易网	—	—	鲁 ICP 备14036685 号	未知
8	http：//www.zhangjiehy.com	上海新三板股权全国招商	上海弘育股权投资基金管理（集团）有限公司	上海市	吉 ICP 备18003856 号	未知
9	http：//122.139.65.198	吉林省公共资源交易中心	珲春市公共资源交易中心	吉林省	吉 ICP 备18000204 号	未知
10	http：//117.141.138.102	广西黄金投资有限责任公司	广西黄金投资有限责任公司	广西壮族自治区	桂 ICP 备16004335 号	未知

备注："未知"是指监测平台对网站进行多项不同维度的解析（诸如回环地址、IANA、IANA 保留地址、环回地址、保留地址、局域网地址和本地局域网等），始终未能探测到 IP 所在地址。此时监测平台认定为"未知"。由于网站 IP 变更频繁，导致本季度报告不能实时更新网站 IP 地址。

3.6 关键词爬取分析

通过分别针对名单内和名单外交易所网站进行关键词情况监测，总共涉及 67 个关键词，包括保险、原油、贵金属、钱币、微交易、基金、邮币卡、现货白银、二元期权、微盘、现货投资、云交易、T＋D、信贷、点差、信托、保证金交易、电子交易平台、发售、做市商、喊单、代理商、延期费、连续交易、资产包、现货沥青、授权服务机构、居间商、杠杆交易、交易会员、集合竞价、现货延期、集中交易、多空双向、对赌平台、当日进出、定向融资计划、高杠杆、非农行情、磁卡、隔夜费、中远期交易、标准化合约、金融产品交易、虚拟交易、T＋0、融资融货、邮资票品、分散式柜台、藏品委托、递延交易、延时交易、现金交割、电子撮合、匿名交易、迷你盘、迷你合约、现货发售、艺术品交易、反单、类证券发行、受益权拆分、平台软件商、多变跨市场、代理外盘、权益拆分和集中竞价。

通过监测各个平台网站，统计上述关键词在网站内出现的次数。基于每个关键词下统计出的结果，对平台进行由高到低排序并选择前十大高频出现的平台（如表 3 - 13 所示）。假如一个平台高频率出现某一关键词，则认为该平台涉嫌与此类关键词的密切相关。因此，可以判定其平台疑似存在相关风险。

3.6.1 名单内交易场所

名单内交易所中 646 家平台网站中涉及 58 个关键词，其余 9 个未在平台中出现。表 3 - 12 整体统计了关键词在上述平台中出现的总次数，其中基金、保险、贵金属、钱币、原油这 5 个关键词出现频率最高。表 3 - 13 具体展示了各个关键词在各个平台里出现的频率，中国艺交所邮币卡交易中心、西安环海陆港商品交易中心、广东省贵金属交易中心、新华上海贵金属交易中心、南江黄羊交易中心这 5 个平台出现关键词的次数最多，对应关键词分别是 T＋0、T＋D、T＋D、T＋D、保险，剩余 3 个出现次数最多的关键词是保证金交易、标准化合约及藏品委托。

表 3 - 12　　　　　　　名单内交易所中 58 个关键词整体统计

序号	关键词	关键词总数量	序号	关键词	关键词总数量
1	基金	22959	30	杠杆交易	170
2	保险	14515	31	权益拆分	140
3	贵金属	13912	32	递延交易	124

续表

序号	关键词	关键词总数量	序号	关键词	关键词总数量
4	钱币	12042	33	居间商	124
5	原油	11866	34	电子撮合	114
6	发售	8467	35	现金交割	114
7	资产包	7711	36	延期费	113
8	邮币卡	6327	37	云交易	111
9	授权服务机构	5342	38	匿名交易	110
10	交易会员	4132	39	集合竞价	101
11	信托	2952	40	微交易	82
12	代理商	2604	41	多空双向	68
13	信贷	2309	42	当日进出	65
14	现货白银	1317	43	喊单	59
15	定向融资计划	1120	44	现货沥青	57
16	电子交易平台	997	45	高杠杆	49
17	微盘	793	46	现货延期	34
18	现货投资	728	47	融资融货	25
19	现货发售	688	48	邮资票品	22
20	点差	575	49	分散式柜台	22
21	做市商	531	50	二元期权	14
22	集中交易	479	51	藏品委托	12
23	集中竞价	399	52	T＋0	12
24	标准化合约	380	53	非农行情	10
25	中远期交易	272	54	虚拟交易	7
26	保证金交易	269	55	反单	5
27	金融产品交易	263	56	T＋D	5
28	连续交易	232	57	隔夜费	4
29	磁卡	210	58	延时交易	4

备注：上述58个关键词均在646家名单内交易所网址里出现过。其中9个关键词一次也没有出现，包括艺术品交易、受益权拆分、类证券发行、迷你合约、迷你盘、平台软件商、对赌平台、多变跨市场、代理外盘。

表 3 - 13　　　　　　　　名单内交易所关键词监测结果

关键词	平台名称	机构名称	数量（个）
T + 0	中国艺交所邮币卡交易中心	中国工艺艺术品交易所有限公司	12
T + D	西安环海陆港商品交易中心	西安环海陆港商品交易中心有限公司	3
T + D	广东省贵金属交易中心	广东省贵金属交易中心有限公司	1
T + D	新华上海贵金属交易中心	新华上海贵金属交易中心有限公司	1
保险	南江黄羊交易中心	天府商品交易所有限公司	3816
保险	广州股权交易中心	广州股权交易中心有限公司	3267
保险	前海保险交易中心	前海保险交易中心（深圳）股份有限公司（简称前海保险交易中心）	2652
保险	中京商品交易市场	中京商品交易市场有限公司	1239
保险	山西省产权交易中心	山西省产权交易中心股份有限公司	778
保险	北京保险服务中心	北京保险服务中心股份有限公司	769
保险	辽宁股权交易中心	辽宁股权交易中心股份有限公司	560
保险	重庆航运交易所	重庆航运交易所	522
保险	青海省产权交易市场	青海省产权交易市场	498
保险	新疆煤炭交易中心	新疆煤炭交易中心有限公司	414
保证金交易	棉花现货投资平台	郑州棉花交易市场有限公司	134
保证金交易	南宁（中国—东盟）商品交易所	南宁（中国—东盟）商品交易所有限公司	42
保证金交易	广西林权交易中心	广西林权交易中心股份有限公司	31
保证金交易	新丝路大宗商品交易中心	陕西新丝路大宗商品交易中心有限公司	12
保证金交易	上海钢银	上海钢银电子商务股份有限公司	10
保证金交易	河南亚太有色金属现货交易市场	河南亚太有色金属物流园有限公司	10
保证金交易	上石化微盘	上海石油化工交易中心有限公司	10
保证金交易	海南大宗商品交易中心	海南大宗商品交易中心有限责任公司	8
保证金交易	新华大宗	浙江新华大宗商品交易中心有限公司	6
保证金交易	贵州中进大宗商品交易中心	贵州中进大宗商品交易中心有限公司	6
标准化合约	广州股权交易中心	广州股权交易中心有限公司	216
标准化合约	牡丹国际商品交易中心	牡丹国际商品交易中心有限公司	27
标准化合约	甘肃中药材交易中心	甘肃中药材交易中心股份有限公司	24
标准化合约	广州华南石化交易中心	广州华南石化交易中心有限公司	22

续表

关键词	平台名称	机构名称	数量（个）
标准化合约	丝路金交	西安丝路金融资产交易中心有限公司	19
标准化合约	中原股权交易中心	中原股权交易中心股份有限公司	18
标准化合约	横琴国际商品交易中心	横琴国际商品交易中心有限公司	17
标准化合约	江淮农副产品交易中心	江淮农副产品交易中心江苏有限公司	13
标准化合约	京津冀票交中心	京津冀协同票据交易中心股份有限公司	12
标准化合约	新疆新粮粮油交易中心	新疆新粮粮油交易中心有限公司	12
藏品委托	成都文化产权交易所	成都文化产权交易所有限公司	4
藏品委托	金宝会	北京金马甲产权网络交易有限公司	3
藏品委托	汉唐艺术品交易所	汉唐艺术品交易所有限公司	2
藏品委托	广西文交所	广西文化艺术品产权交易所有限责任公司	1
藏品委托	上海邮币卡交易中心（沪）	上海邮币卡交易中心股份有限公司	1
藏品委托	新华上海贵金属交易中心	新华上海贵金属交易中心有限公司	1
磁卡	广州股权交易中心	广州股权交易中心有限公司	84
磁卡	天津文化产权交易所	天津文化产权交易所有限公司	43
磁卡	南京文交所钱币邮票交易中心官网	南京文化艺术产权交易所有限公司	35
磁卡	上海邮币卡交易中心（沪）	上海邮币卡交易中心股份有限公司	28
磁卡	江苏文化产权交易所	江苏省文化产权交易所有限公司	9
磁卡	丝绸之路文化产权交易所	陕西丝绸之路收藏品交易中心股份有限公司	4
磁卡	文创金服	湖北华中文化产权交易所有限公司	3
磁卡	中京商品交易市场	中京商品交易市场有限公司	2
磁卡	南方文交所	广东省南方文化产权交易所股份有限公司	1
磁卡	软交所	北京软件和信息服务交易所有限公司	1
代理商	广州股权交易中心	广州股权交易中心有限公司	959
代理商	天津文化艺术品交易所	天津文化艺术品交易所股份有限公司	949
代理商	棉花现货投资平台	郑州棉花交易市场有限公司	268
代理商	陕西股权交易中心	陕西股权交易中心股份有限公司	121
代理商	辽宁股权交易中心	辽宁股权交易中心股份有限公司	105

关键词	平台名称	机构名称	数量（个）
代理商	广东省药品交易中心	广东省药品交易中心有限公司	49
代理商	山东产权交易中心	山东产权交易中心有限公司	42
代理商	山东产权交易中心——阳光采购服务平台	山东产权交易中心有限公司	42
代理商	重庆市公共资源交易中心	重庆联合产权交易所集团股份有限公司	41
代理商	横琴国际商品交易中心	横琴国际商品交易中心有限公司	28
当日进出	新华上海贵金属交易中心	新华上海贵金属交易中心有限公司	26
当日进出	新疆中亚商品交易中心	新疆中亚商品交易中心股份有限公司	9
当日进出	民商大宗商品交易中心	民商大宗商品交易中心有限公司	5
当日进出	贵州中进大宗商品交易中心	贵州中进大宗商品交易中心有限公司	5
当日进出	西藏锦绣商品交易中心	西藏锦绣商品交易中心有限公司	5
当日进出	新华大宗	浙江新华大宗商品交易中心有限公司	3
当日进出	海南大宗商品交易中心	海南大宗商品交易中心有限责任公司	3
当日进出	黑龙江中远农业商品交易中心	黑龙江中远农业商品交易中心有限公司	3
当日进出	河南亚太有色金属现货交易市场	河南亚太有色金属物流园有限公司	3
当日进出	中南大宗	湖南省中南大宗商品电子商务有限公司	3
递延交易	宁波大宗商品交易所	宁波大宗商品交易所有限公司	122
递延交易	陕西股权交易中心	陕西股权交易中心股份有限公司	2
点差	杭州叁点零易货交易所	杭州叁点零易货交易所有限公司	228
点差	新华上海贵金属交易中心	新华上海贵金属交易中心有限公司	204
点差	新华大宗	浙江新华大宗商品交易中心有限公司	80
点差	南方稀贵金属交易所（南交所）	湖南南方稀贵金属交易所股份有限公司	26
点差	大连贵金属交易中心	大连贵金属交易中心有限公司	11
点差	贵州中进大宗商品交易中心	贵州中进大宗商品交易中心有限公司	7
点差	海南大宗商品交易中心	海南大宗商品交易中心有限责任公司	5
点差	河南亚太有色金属现货交易市场	河南亚太有色金属物流园有限公司	5
点差	江苏新沿海商品交易中心	江苏新沿海商品交易中心有限公司	5

续表

关键词	平台名称	机构名称	数量（个）
点差	乾圆大通	无锡市乾圆大通商品合约交易中心有限公司	4
电子撮合	广州股权交易中心	广州股权交易中心有限公司	48
电子撮合	上石化微盘	上海石油化工交易中心有限公司	19
电子撮合	广州华南石化交易中心	广州华南石化交易中心有限公司	10
电子撮合	京津冀票交中心	京津冀协同票据交易中心股份有限公司	8
电子撮合	甘肃中药材交易中心	甘肃中药材交易中心股份有限公司	6
电子撮合	横琴国际商品交易中心	横琴国际商品交易中心有限公司	5
电子撮合	华南石化交易中心	广州华南石化交易中心有限公司	5
电子撮合	丝路金交	西安丝路金融资产交易中心有限公司	5
电子撮合	牡丹国际商品交易中心	牡丹国际商品交易中心有限公司	4
电子撮合	中原股权交易中心	中原股权交易中心股份有限公司	4
电子交易平台	北京农副产品交易所	北京农副产品交易所有限责任公司	142
电子交易平台	棉花现货投资平台	郑州棉花交易市场有限公司	134
电子交易平台	三明市公共资源交易网	三明市梅列区人民政府行政服务中心管理委员会（三明市梅列区政务公开领导小组办公室）	132
电子交易平台	北京环境交易所	北京环境交易所有限公司	113
电子交易平台	广东省南方文化产权交易所钱币邮票交易中心	广东省南方文化产权交易所股份有限公司	111
电子交易平台	新疆新粮粮油交易中心	新疆新粮粮油交易中心有限公司	96
电子交易平台	广东省药品交易中心	广东省药品交易中心有限公司	94
电子交易平台	黑龙江粮食交易市场	黑龙江粮食交易市场股份有限公司	60
电子交易平台	东方市场交易中心	苏州盛泽东方市场纺织电子交易中心有限公司	58
电子交易平台	海峡文化产权交易所	福建海峡文化产权交易所有限公司	57
定向融资计划	前海航交所	深圳前海航空航运交易中心有限公司	468
定向融资计划	南宁金融资产交易中心	南宁金融资产交易中心有限责任公司	301
定向融资计划	武汉金融资产交易所	武汉金融资产交易所有限公司	139
定向融资计划	中黔金交	贵州中黔金融资产交易中心有限公司	85

关键词	平台名称	机构名称	数量（个）
定向融资计划	连交所	大连京北互联网金融资产交易中心有限公司	58
定向融资计划	浙江金融资产交易中心股份有限公司门户网站	浙江金融资产交易中心股份有限公司	36
定向融资计划	山西股权交易中心	山西股权交易中心有限公司	17
定向融资计划	大连金融资产交易所	大连金融资产交易所有限公司	7
定向融资计划	镇江金融资产交易中心	镇江金融资产交易中心有限公司	5
定向融资计划	东金中心	吉林东北亚创新金融资产交易中心有限公司	4
多空双向	新华上海贵金属交易中心	新华上海贵金属交易中心有限公司	26
多空双向	新疆中亚商品交易中心	新疆中亚商品交易中心股份有限公司	9
多空双向	民商大宗商品交易中心	民商大宗商品交易中心有限公司	5
多空双向	贵州中进大宗商品交易中心	贵州中进大宗商品交易中心有限公司	5
多空双向	西藏锦绣商品交易中心	西藏锦绣商品交易中心有限公司	5
多空双向	海南大宗商品交易中心	海南大宗商品交易中心有限责任公司	4
多空双向	河南亚太有色金属现货交易市场	河南亚太有色金属物流园有限公司	4
多空双向	江苏新沿海商品交易中心	江苏新沿海商品交易中心有限公司	4
多空双向	新华大宗	浙江新华大宗商品交易中心有限公司	3
多空双向	黑龙江中远农业商品交易中心	黑龙江中远农业商品交易中心有限公司	3
二元期权	南宁（中国—东盟）商品交易所	南宁（中国—东盟）商品交易所有限公司	6
二元期权	横琴国际商品交易中心	横琴国际商品交易中心有限公司	3
二元期权	邢台市产权交易中心	邢台市产权交易中心	3
二元期权	新疆中亚商品交易中心	新疆中亚商品交易中心股份有限公司	2
发售	天津文化艺术品交易所	天津文化艺术品交易所股份有限公司	2957
发售	感知合约交易中心	无锡感知合约交易中心有限公司	1434
发售	上海茶业交易中心	上海茶业交易中心有限公司	733
发售	国际版权交易中心	北京东方雍和国际版权交易中心有限公司	731

续表

关键词	平台名称	机构名称	数量（个）
发售	南宁（中国—东盟）商品交易所	南宁（中国—东盟）商品交易所有限公司	694
发售	新华所	新华深圳商品交易中心有限公司	604
发售	南宁金融资产交易中心	南宁金融资产交易中心有限责任公司	377
发售	南商所	南宁大宗商品交易所有限公司	339
发售	南宁大宗商品交易所	南宁大宗商品交易所有限公司	322
发售	广西文交所	广西文化艺术品产权交易所有限责任公司	276
反单	横琴国际商品交易中心	横琴国际商品交易中心有限公司	2
反单	邢台市产权交易中心	邢台市产权交易中心	2
反单	沁坤大宗	长沙沁坤大宗农产品现货电子交易市场股份有限公司	1
非农行情	杭州叁点零易货交易所	杭州叁点零易货交易所有限公司	7
非农行情	西藏锦绣商品交易中心	西藏锦绣商品交易中心有限公司	1
非农行情	河南亚太有色金属现货交易市场	河南亚太有色金属物流园有限公司	1
非农行情	上海石油天然气交易中心	上海石油天然气交易中心有限公司	1
分散式柜台	邢台市产权交易中心	邢台市产权交易中心	5
分散式柜台	横琴国际商品交易中心	横琴国际商品交易中心有限公司	4
分散式柜台	大连贵金属交易中心	大连贵金属交易中心有限公司	3
分散式柜台	河南亚太有色金属现货交易市场	河南亚太有色金属物流园有限公司	2
分散式柜台	广州华南石化交易中心	广州华南石化交易中心有限公司	2
分散式柜台	新华所	新华深圳商品交易中心有限公司	2
分散式柜台	北京国际酒类交易所	北京国际酒类交易所有限公司	1
分散式柜台	国际版权交易中心	北京东方雍和国际版权交易中心有限公司	1
分散式柜台	景德镇陶瓷交易所	景德镇陶瓷交易所有限公司	1
分散式柜台	海南产权交易网	海南产权交易所有限公司	1
杠杆交易	棉花现货投资平台	郑州棉花交易市场有限公司	134
杠杆交易	新华大宗	浙江新华大宗商品交易中心有限公司	17
杠杆交易	海南大宗商品交易中心	海南大宗商品交易中心有限责任公司	3
杠杆交易	河南亚太有色金属现货交易市场	河南亚太有色金属物流园有限公司	3

关键词	平台名称	机构名称	数量（个）
杠杆交易	江苏新沿海商品交易中心	江苏新沿海商品交易中心有限公司	3
杠杆交易	新疆新粮粮油交易中心	新疆新粮粮油交易中心有限公司	2
杠杆交易	贵州中进大宗商品交易中心	贵州中进大宗商品交易中心有限公司	2
杠杆交易	中南大宗	湖南省中南大宗商品电子商务有限公司	2
杠杆交易	中远商品交易中心	黑龙江中远农业商品交易中心有限公司	2
杠杆交易	广州华南石化交易中心	广州华南石化交易中心有限公司	2
高杠杆	前海股权交易中心	深圳前海股权交易中心有限公司	8
高杠杆	贵州中进大宗商品交易中心	贵州中进大宗商品交易中心有限公司	7
高杠杆	东北亚镁质材料交易中心	东北亚镁质材料交易中心有限公司	6
高杠杆	华南煤炭交易中心	广州华南煤炭交易中心有限公司	5
高杠杆	西安环海陆港商品交易中心	西安环海陆港商品交易中心有限公司	5
高杠杆	成都花木交易所	成都花木交易所有限责任公司	4
高杠杆	长治市产权交易市场	长治市产权交易市场	4
高杠杆	新华所	新华深圳商品交易中心有限公司	4
高杠杆	北京金融资产交易所	北京金融资产交易所有限公司	3
高杠杆	河南亚太有色金属现货交易市场	河南亚太有色金属物流园有限公司	3
隔夜费	海南大宗商品交易中心	海南大宗商品交易中心有限责任公司	1
隔夜费	河南亚太有色金属现货交易市场	河南亚太有色金属物流园有限公司	1
隔夜费	横琴国际商品交易中心	横琴国际商品交易中心有限公司	1
隔夜费	江苏新沿海商品交易中心	江苏新沿海商品交易中心有限公司	1
贵金属	广东省贵金属交易中心	广东省贵金属交易中心有限公司	3379
贵金属	西安环海陆港商品交易中心	西安环海陆港商品交易中心有限公司	2876
贵金属	新华上海贵金属交易中心	新华上海贵金属交易中心有限公司	1890
贵金属	海南大宗商品交易中心	海南大宗商品交易中心有限责任公司	1130
贵金属	钛谷有色金属交易中心	钛谷有色金属交易中心有限公司	1118
贵金属	河南亚太有色金属现货交易市场	河南亚太有色金属物流园有限公司	818
贵金属	中南大宗	湖南省中南大宗商品电子商务有限公司	734
贵金属	杭州叁点零易货交易所	杭州叁点零易货交易所有限公司	733

续表

关键词	平台名称	机构名称	数量（个）
贵金属	江苏新沿海商品交易中心	江苏新沿海商品交易中心有限公司	638
贵金属	大连贵金属交易中心	大连贵金属交易中心有限公司	596
喊单	西安环海陆港商品交易中心	西安环海陆港商品交易中心有限公司	15
喊单	寿光果菜品种交易中心	山东寿光蔬菜产业集团（天津）商品交易市场有限公司	15
喊单	沁坤大宗	长沙沁坤大宗农产品现货电子交易市场股份有限公司	8
喊单	南京石化商品合约交易中心	南京石化商品合约交易中心有限公司	4
喊单	南宁大宗商品交易所	南宁大宗商品交易所有限公司	3
喊单	南方文交所	广东省南方文化产权交易所股份有限公司	3
喊单	杭州叁点零易货交易所	杭州叁点零易货交易所有限公司	3
喊单	上石化微盘	上海石油化工交易中心有限公司	3
喊单	南商所	南宁大宗商品交易所有限公司	3
喊单	西藏锦绣商品交易中心	西藏锦绣商品交易中心有限公司	2
基金	辽宁股权交易中心	辽宁股权交易中心股份有限公司	4585
基金	广州股权交易中心	广州股权交易中心有限公司	4146
基金	深圳联合产权交易网——公有产权平台	深圳联合产权交易所股份有限公司	3972
基金	深圳联合产权交易所	深圳联合产权交易所股份有限公司	3968
基金	西安环海陆港商品交易中心	西安环海陆港商品交易中心有限公司	1242
基金	山西股权交易中心	山西股权交易中心有限公司	1062
基金	广东金融资产交易中心	广东金融资产交易中心有限公司	1061
基金	产权交易网	北京产权交易所有限公司	1026
基金	陕西股权交易中心	陕西股权交易中心股份有限公司	959
基金	辽宁沈阳文化知识产权交易所	辽宁沈阳文化知识产权交易所有限责任公司	938
集合竞价	广州股权交易中心	广州股权交易中心有限公司	36
集合竞价	河南亚太有色金属现货交易市场	河南亚太有色金属物流园有限公司	13
集合竞价	天津文化艺术品交易所	天津文化艺术品交易所股份有限公司	12

续表

关键词	平台名称	机构名称	数量（个）
集合竞价	新疆丝绸之路铝交易中心	新疆丝绸之路铝交易中心股份有限公司	9
集合竞价	江苏新沿海商品交易中心	江苏新沿海商品交易中心有限公司	9
集合竞价	康美e药谷	康美（广东）中药材交易中心有限公司	5
集合竞价	中黔金交	贵州中黔金融资产交易中心有限公司	5
集合竞价	前海股权交易中心	深圳前海股权交易中心有限公司	4
集合竞价	贵州中进大宗商品交易中心	贵州中进大宗商品交易中心有限公司	4
集合竞价	甘肃中药材交易中心	甘肃中药材交易中心股份有限公司	4
集中交易	广州股权交易中心	广州股权交易中心有限公司	300
集中交易	辽宁股权交易中心	辽宁股权交易中心股份有限公司	28
集中交易	牡丹国际商品交易中心	牡丹国际商品交易中心有限公司	25
集中交易	甘肃中药材交易中心	甘肃中药材交易中心股份有限公司	20
集中交易	京津冀票交中心	京津冀协同票据交易中心股份有限公司	18
集中交易	中原股权交易中心	中原股权交易中心股份有限公司	18
集中交易	南宁（中国—东盟）商品交易所	南宁（中国—东盟）商品交易所有限公司	18
集中交易	广州华南石化交易中心	广州华南石化交易中心有限公司	18
集中交易	横琴国际商品交易中心	横琴国际商品交易中心有限公司	17
集中交易	青海省产权交易市场	青海省产权交易市场	17
集中竞价	北京电力交易中心	北京电力交易中心有限公司	171
集中竞价	广州股权交易中心	广州股权交易中心有限公司	108
集中竞价	青海省产权交易市场	青海省产权交易市场	24
集中竞价	辽宁股权交易中心	辽宁股权交易中心股份有限公司	21
集中竞价	广西联合产权交易所	广西联合产权交易所有限责任公司	19
集中竞价	华东林业产权交易所	浙江华东林业产权交易所有限公司	16
集中竞价	京津冀票交中心	京津冀协同票据交易中心股份有限公司	12
集中竞价	中原股权交易中心	中原股权交易中心股份有限公司	10
集中竞价	广州华南石化交易中心	广州华南石化交易中心有限公司	10

续表

关键词	平台名称	机构名称	数量（个）
集中竞价	横琴国际商品交易中心	横琴国际商品交易中心有限公司	8
交易会员	北京农副产品交易所	北京农副产品交易所有限责任公司	699
交易会员	国际版权交易中心	北京东方雍和国际版权交易中心有限公司	693
交易会员	辽宁碳排放权交易中心	辽宁碳排放权交易中心有限公司	628
交易会员	南京文交所钱币邮票交易中心官网	南京文化艺术产权交易所有限公司	387
交易会员	新华所	新华深圳商品交易中心有限公司	352
交易会员	江苏太湖国际商品交易中心	江苏太湖国际商品交易中心有限公司	334
交易会员	中国艺交所邮币卡交易中心	中国工艺艺术品交易所有限公司	323
交易会员	北京国际酒类交易所	北京国际酒类交易所有限公司	253
交易会员	南京亚太化工电子交易中心（苏）	南京亚太化工电子交易中心有限公司	238
交易会员	杭州叁点零易货交易所	杭州叁点零易货交易所有限公司	225
金融产品交易	广州股权交易中心	广州股权交易中心有限公司	144
金融产品交易	新华所	新华深圳商品交易中心有限公司	16
金融产品交易	辽宁股权交易中心	辽宁股权交易中心股份有限公司	15
金融产品交易	牡丹国际商品交易中心	牡丹国际商品交易中心有限公司	14
金融产品交易	甘肃中药材交易中心	甘肃中药材交易中心股份有限公司	14
金融产品交易	广州华南石化交易中心	广州华南石化交易中心有限公司	14
金融产品交易	丝路金交	西安丝路金融资产交易中心有限公司	14
金融产品交易	中原股权交易中心	中原股权交易中心股份有限公司	12
金融产品交易	海南产权交易网	海南产权交易所有限公司	10
金融产品交易	横琴国际商品交易中心	横琴国际商品交易中心有限公司	10
居间商	上海邮币卡交易中心（沪）	上海邮币卡交易中心股份有限公司	58
居间商	新疆中亚商品交易中心	新疆中亚商品交易中心股份有限公司	18
居间商	北京文化产权交易中心	北京文化产权交易中心有限公司	15
居间商	黑龙江中远农业商品交易中心	黑龙江中远农业商品交易中心有限公司	6
居间商	西藏锦绣商品交易中心	西藏锦绣商品交易中心有限公司	6
居间商	西北大宗商品交易中心（宁）	西北大宗商品交易中心有限公司	6
居间商	上海工美艺术品交易中心	上海工美艺术品交易中心有限公司	5

续表

关键词	平台名称	机构名称	数量（个）
居间商	江苏省大圆银泰	江苏大圆银泰商品合约交易市场有限公司	4
居间商	民商大宗商品交易中心	民商大宗商品交易中心有限公司	3
居间商	贵州中进大宗商品交易中心	贵州中进大宗商品交易中心有限公司	3
连续交易	新华上海贵金属交易中心	新华上海贵金属交易中心有限公司	52
连续交易	渤海商品交易所	天津渤海商品交易所股份有限公司	40
连续交易	西安环海陆港商品交易中心	西安环海陆港商品交易中心有限公司	30
连续交易	青海省产权交易市场	青海省产权交易市场	27
连续交易	新疆中亚商品交易中心	新疆中亚商品交易中心股份有限公司	18
连续交易	民商大宗商品交易中心	民商大宗商品交易中心有限公司	14
连续交易	贵州中进大宗商品交易中心	贵州中进大宗商品交易中心有限公司	14
连续交易	东北亚镁质材料交易中心	东北亚镁质材料交易中心有限公司	13
连续交易	广州股权交易中心	广州股权交易中心有限公司	12
连续交易	西藏锦绣商品交易中心	西藏锦绣商品交易中心有限公司	12
匿名交易	广州股权交易中心	广州股权交易中心有限公司	60
匿名交易	广州华南石化交易中心	广州华南石化交易中心有限公司	10
匿名交易	京津冀票交中心	京津冀协同票据交易中心股份有限公司	8
匿名交易	甘肃中药材交易中心	甘肃中药材交易中心股份有限公司	6
匿名交易	华南石化交易中心	广州华南石化交易中心有限公司	5
匿名交易	丝路金交	西安丝路金融资产交易中心有限公司	5
匿名交易	牡丹国际商品交易中心	牡丹国际商品交易中心有限公司	4
匿名交易	中原股权交易中心	中原股权交易中心股份有限公司	4
匿名交易	河南亚太有色金属现货交易市场	河南亚太有色金属物流园有限公司	4
匿名交易	横琴国际商品交易中心	横琴国际商品交易中心有限公司	4
钱币	广东省南方文化产权交易所钱币邮票交易中心	广东省南方文化产权交易所股份有限公司	4310
钱币	汉唐艺术品交易所	汉唐艺术品交易所有限公司	3071
钱币	南京文交所钱币邮票交易中心官网	南京文化艺术产权交易所有限公司	1540
钱币	南方文交所	广东省南方文化产权交易所股份有限公司	1458

续表

关键词	平台名称	机构名称	数量（个）
钱币	金宝会	北京金马甲产权网络交易有限公司	491
钱币	中国艺交所邮币卡交易中心	中国工艺艺术品交易所有限公司	349
钱币	中京商品交易市场	中京商品交易市场有限公司	325
钱币	上海邮币卡交易中心（沪）	上海邮币卡交易中心股份有限公司	250
钱币	国际版权交易中心	北京东方雍和国际版权交易中心有限公司	168
钱币	南京文化艺术产权交易所	南京文化艺术产权交易所有限公司	80
权益拆分	广州股权交易中心	广州股权交易中心有限公司	72
权益拆分	京津冀票交中心	京津冀协同票据交易中心股份有限公司	10
权益拆分	横琴国际商品交易中心	横琴国际商品交易中心有限公司	9
权益拆分	牡丹国际商品交易中心	牡丹国际商品交易中心有限公司	8
权益拆分	甘肃中药材交易中心	甘肃中药材交易中心股份有限公司	8
权益拆分	邢台市产权交易中心	邢台市产权交易中心	8
权益拆分	丝路金交	西安丝路金融资产交易中心有限公司	7
权益拆分	中原股权交易中心	中原股权交易中心股份有限公司	6
权益拆分	广州华南石化交易中心	广州华南石化交易中心有限公司	6
权益拆分	青岛文化产权交易中心	青岛文化产权交易中心有限公司	6
融资融货	沁坤大宗	长沙沁坤大宗农产品现货电子交易市场股份有限公司	7
融资融货	横琴国际商品交易中心	横琴国际商品交易中心有限公司	4
融资融货	邢台市产权交易中心	邢台市产权交易中心	4
融资融货	渤海商品交易所	天津渤海商品交易所股份有限公司	3
融资融货	南京石化商品合约交易中心	南京石化商品合约交易中心有限公司	2
融资融货	上海华通铂银交易市场	上海华通铂银交易市场有限公司	1
融资融货	宁波大宗商品交易所	宁波大宗商品交易所有限公司	1
融资融货	东海商品交易中心	浙江东海商品交易中心有限公司	1
融资融货	华西村商品合约交易中心	江阴华西村商品合约交易中心有限公司	1
融资融货	盘锦辽东湾国际商品交易有限公司	盘锦辽东湾国际商品交易有限公司	1
授权服务机构	渤海商品交易所	天津渤海商品交易所股份有限公司	2209

续表

关键词	平台名称	机构名称	数量（个）
授权服务机构	上海邮币卡交易中心（沪）	上海邮币卡交易中心股份有限公司	1686
授权服务机构	上海茶业交易中心	上海茶业交易中心有限公司	975
授权服务机构	新疆和田玉石交易中心	新疆和田玉石交易中心有限公司	126
授权服务机构	金宝会	北京金马甲产权网络交易有限公司	93
授权服务机构	华东林业产权交易所	浙江华东林业产权交易所有限公司	74
授权服务机构	感知合约交易中心	无锡感知合约交易中心有限公司	66
授权服务机构	中京商品交易市场	中京商品交易市场有限公司	41
授权服务机构	东盟海产品交易所	东盟海产品交易所有限公司	39
授权服务机构	厦门石油交易中心	厦门石油交易中心有限公司	33
微交易	海南大宗商品交易中心	海南大宗商品交易中心有限责任公司	64
微交易	河南亚太有色金属现货交易市场	河南亚太有色金属物流园有限公司	5
微交易	横琴国际商品交易中心	横琴国际商品交易中心有限公司	3
微交易	邢台市产权交易中心	邢台市产权交易中心	3
微交易	江苏新沿海商品交易中心	江苏新沿海商品交易中心有限公司	2
微交易	东北亚镁质材料交易中心	东北亚镁质材料交易中心有限公司	1
微交易	西藏锦绣商品交易中心	西藏锦绣商品交易中心有限公司	1
微交易	广东省贵金属交易中心	广东省贵金属交易中心有限公司	1
微交易	上海邮币卡交易中心（沪）	上海邮币卡交易中心股份有限公司	1
微交易	无锡君泰商品合约交易中心	无锡君泰商品合约交易中心有限公司	1
微盘	中金物联商品交易中心	中金物联商品交易中心有限公司	546
微盘	新华上海贵金属交易中心	新华上海贵金属交易中心有限公司	89
微盘	海南大宗商品交易中心	海南大宗商品交易中心有限责任公司	43
微盘	广东省贵金属交易中心	广东省贵金属交易中心有限公司	31
微盘	横琴国际商品交易中心	横琴国际商品交易中心有限公司	30
微盘	邢台市产权交易中心	邢台市产权交易中心	30
微盘	无锡君泰商品合约交易中心	无锡君泰商品合约交易中心有限公司	9
微盘	河南亚太有色金属现货交易市场	河南亚太有色金属物流园有限公司	6
微盘	大连贵金属交易中心	大连贵金属交易中心有限公司	6
微盘	西藏锦绣商品交易中心	西藏锦绣商品交易中心有限公司	3
现货白银	河南亚太有色金属现货交易市场	河南亚太有色金属物流园有限公司	267
现货白银	海南大宗商品交易中心	海南大宗商品交易中心有限责任公司	238

续表

关键词	平台名称	机构名称	数量（个）
现货白银	江苏新沿海商品交易中心	江苏新沿海商品交易中心有限公司	236
现货白银	西安环海陆港商品交易中心	西安环海陆港商品交易中心有限公司	149
现货白银	西藏锦绣商品交易中心	西藏锦绣商品交易中心有限公司	101
现货白银	中远商品交易中心	黑龙江中远农业商品交易中心有限公司	79
现货白银	杭州叁点零易货交易所	杭州叁点零易货交易所有限公司	72
现货白银	新华大宗	浙江新华大宗商品交易中心有限公司	70
现货白银	新疆新粮粮油交易中心	新疆新粮粮油交易中心有限公司	53
现货白银	贵州中进大宗商品交易中心	贵州中进大宗商品交易中心有限公司	52
现货发售	南宁（中国—东盟）商品交易所	南宁（中国—东盟）商品交易所有限公司	488
现货发售	新华所	新华深圳商品交易中心有限公司	108
现货发售	华中矿场品交易中心	湖北华中矿产品交易中心有限公司	34
现货发售	新丝路大宗商品交易中心	陕西新丝路大宗商品交易中心有限公司	34
现货发售	上海茶业交易中心	上海茶业交易中心有限公司	6
现货发售	邢台市产权交易中心	邢台市产权交易中心	6
现货发售	横琴国际商品交易中心	横琴国际商品交易中心有限公司	5
现货发售	南商所	南宁大宗商品交易所有限公司	3
现货发售	广州华南石化交易中心	广州华南石化交易中心有限公司	2
现货发售	感知合约交易中心	无锡感知合约交易中心有限公司	2
现货沥青	上石化微盘	上海石油化工交易中心有限公司	54
现货沥青	大连贵金属交易中心	大连贵金属交易中心有限公司	3
现货投资	四川联合酒类交易所	四川联合酒类交易所股份有限公司	338
现货投资	上石化微盘	上海石油化工交易中心有限公司	134
现货投资	寿光果菜品种交易中心	山东寿光蔬菜产业集团（天津）商品交易市场有限公司	56
现货投资	广东省贵金属交易中心	广东省贵金属交易中心有限公司	51
现货投资	新华大宗	浙江新华大宗商品交易中心有限公司	36
现货投资	沁坤大宗	长沙沁坤大宗农产品现货电子交易市场股份有限公司	33

续表

关键词	平台名称	机构名称	数量（个）
现货投资	贵州西部农产品交易中心	贵州西部农产品交易中心有限公司	30
现货投资	郑州棉花交易市场	郑州棉花交易市场有限公司	24
现货投资	新华所	新华深圳商品交易中心有限公司	16
现货投资	渤海商品交易所	天津渤海商品交易所股份有限公司	10
现货延期	新丝路大宗商品交易中心	陕西新丝路大宗商品交易中心有限公司	7
现货延期	贵州中进大宗商品交易中心	贵州中进大宗商品交易中心有限公司	5
现货延期	新疆新粮粮油交易中心	新疆新粮粮油交易中心有限公司	3
现货延期	杭州叁点零易货交易所	杭州叁点零易货交易所有限公司	3
现货延期	福建省高新技术产权交易所（乾富投资）	福建省高新技术产权交易所有限公司	3
现货延期	西藏锦绣商品交易中心	西藏锦绣商品交易中心有限公司	3
现货延期	中远商品交易中心	黑龙江中远农业商品交易中心有限公司	3
现货延期	感知合约交易中心	无锡感知合约交易中心有限公司	3
现货延期	横琴国际商品交易中心	横琴国际商品交易中心有限公司	2
现货延期	南商所	南宁大宗商品交易所有限公司	2
现金交割	乾圆大通	无锡市乾圆大通商品合约交易中心有限公司	37
现金交割	上海环境能源交易所	上海环境能源交易所股份有限公司	34
现金交割	江苏省大圆银泰	江苏大圆银泰商品合约交易市场有限公司	28
现金交割	长江联合金属交易中心	上海长江联合金属交易中心有限公司	6
现金交割	南京石化商品合约交易中心	南京石化商品合约交易中心有限公司	4
现金交割	新疆新粮粮油交易中心	新疆新粮粮油交易中心有限公司	1
现金交割	中远商品交易中心	黑龙江中远农业商品交易中心有限公司	1
现金交割	横琴国际商品交易中心	横琴国际商品交易中心有限公司	1
现金交割	上海稀有金属网	上海合联稀有金属交易中心有限公司	1
现金交割	浙江海港大宗商品交易中心	浙江海港大宗商品交易中心有限公司	1
信贷	广州金融资产交易中心	广州金融资产交易中心有限公司	764

关键词	平台名称	机构名称	数量（个）
信贷	广州股权交易中心	广州股权交易中心有限公司	396
信贷	西安环海陆港商品交易中心	西安环海陆港商品交易中心有限公司	181
信贷	天金所	天津金融资产交易所有限责任公司	164
信贷	南方产权网	南方联合产权交易中心有限责任公司	159
信贷	山东广丰交易中心	山东广丰橡胶轮胎交易中心有限公司	154
信贷	陕西股权交易中心	陕西股权交易中心股份有限公司	142
信贷	北京金融资产交易所	北京金融资产交易所有限公司	134
信贷	上海股权托管交易中心	上海股权托管交易中心股份有限公司	127
信贷	德化县农村产权交易中心	德化县农业局	88
信托	广州金融资产交易中心	广州金融资产交易中心有限公司	462
信托	广州股权交易中心	广州股权交易中心有限公司	357
信托	苏州股权交易中心	苏州科技企业股权服务有限公司	305
信托	天金所	天津金融资产交易所有限责任公司	290
信托	西部金融资产交易中心	西部金融资产交易中心（贵州）有限公司	266
信托	青海省产权交易市场	青海省产权交易市场	261
信托	阳泉市产权交易市场	阳泉市产权交易市场	261
信托	辽宁沈阳文化知识产权交易所	辽宁沈阳文化知识产权交易所有限责任公司	258
信托	钛谷有色金属交易中心	钛谷有色金属交易中心有限公司	257
信托	北京金融资产交易所	北京金融资产交易所有限公司	235
虚拟交易	南方产权网	南方联合产权交易中心有限责任公司	2
虚拟交易	新华大宗	浙江新华大宗商品交易中心有限公司	1
虚拟交易	软交所	北京软件和信息服务交易所有限公司	1
虚拟交易	康美e药谷	康美（广东）中药材交易中心有限公司	1
虚拟交易	西安环海陆港商品交易中心	西安环海陆港商品交易中心有限公司	1
虚拟交易	陕西环境权交易所	陕西环境权交易所有限公司	1
延期费	新疆中亚商品交易中心	新疆中亚商品交易中心股份有限公司	42
延期费	黑龙江中远农业商品交易中心	黑龙江中远农业商品交易中心有限公司	14

续表

关键词	平台名称	机构名称	数量（个）
延期费	西藏锦绣商品交易中心	西藏锦绣商品交易中心有限公司	14
延期费	贵州中进大宗商品交易中心	贵州中进大宗商品交易中心有限公司	9
延期费	河南亚太有色金属现货交易市场	河南亚太有色金属物流园有限公司	8
延期费	东北亚镁质材料交易中心	东北亚镁质材料交易中心有限公司	6
延期费	买钢乐	江苏买钢乐电子交易中心有限公司	6
延期费	上海石油天然气交易中心	上海石油天然气交易中心有限公司	6
延期费	杭州叁点零易货交易所	杭州叁点零易货交易所有限公司	5
延期费	新华上海贵金属交易中心	新华上海贵金属交易中心有限公司	3
延时交易	广西文交所	广西文化艺术品产权交易所有限责任公司	3
延时交易	软交所	北京软件和信息服务交易所有限公司	1
邮币卡	上海邮币卡交易中心（沪）	上海邮币卡交易中心股份有限公司	3486
邮币卡	中国艺交所邮币卡交易中心	中国工艺艺术品交易所有限公司	935
邮币卡	江苏文化产权交易所	江苏省文化产权交易所有限公司	469
邮币卡	南京文交所钱币邮票交易中心官网	南京文化艺术产权交易所有限公司	427
邮币卡	天津文化产权交易所	天津文化产权交易所有限公司	344
邮币卡	上海文化产权交易所（沪）	上海文化产权交易所股份有限公司	176
邮币卡	海峡文化产权交易所	福建海峡文化产权交易所有限公司	143
邮币卡	中京商品交易市场	中京商品交易市场有限公司	125
邮币卡	内蒙古文化产权交易所	内蒙古文化产权交易所有限公司	116
邮币卡	广东省南方文化产权交易所钱币邮票交易中心	广东省南方文化产权交易所股份有限公司	106
邮资票品	上海邮币卡交易中心（沪）	上海邮币卡交易中心股份有限公司	8
邮资票品	南京文交所钱币邮票交易中心官网	南京文化艺术产权交易所有限公司	5
邮资票品	丝绸之路文化产权交易中所	陕西丝绸之路收藏品交易中心股份有限公司	4
邮资票品	广东省南方文化产权交易所钱币邮票交易中心	广东省南方文化产权交易所股份有限公司	1
邮资票品	横琴国际商品交易中心	横琴国际商品交易中心有限公司	1
邮资票品	金宝会	北京金马甲产权网络交易有限公司	1
邮资票品	江苏文化产权交易所	江苏省文化产权交易所有限公司	1

续表

关键词	平台名称	机构名称	数量（个）
邮资票品	邢台市产权交易中心	邢台市产权交易中心	1
原油	西安环海陆港商品交易中心	西安环海陆港商品交易中心有限公司	4055
原油	海南大宗商品交易中心	海南大宗商品交易中心有限责任公司	1744
原油	河南亚太有色金属现货交易市场	河南亚太有色金属物流园有限公司	1227
原油	江苏新沿海商品交易中心	江苏新沿海商品交易中心有限公司	1200
原油	东北亚镁质材料交易中心	东北亚镁质材料交易中心有限公司	794
原油	中南大宗	湖南省中南大宗商品电子商务有限公司	698
原油	海峡石化产品交易中心	海峡石化产品交易中心有限公司	648
原油	深圳石油化工交易所	深圳石油化工交易所有限公司	512
原油	贵州中进大宗商品交易中心	贵州中进大宗商品交易中心有限公司	509
原油	广东冠东石化产品交易中心	广东冠东石化产品交易中心有限公司	479
云交易	泉州市产权交易中心	泉州市产权交易中心有限公司	99
云交易	贵州国际商品交易中心	贵州国际商品交易中心有限公司	4
云交易	重庆市公共资源交易中心	重庆联合产权交易所集团股份有限公司	2
云交易	中京商品交易市场	中京商品交易市场有限公司	1
云交易	横琴国际商品交易中心	横琴国际商品交易中心有限公司	1
云交易	南方稀贵金属交易所（南交所）	湖南南方稀贵金属交易所股份有限公司	1
云交易	盘云煤炭	西部红果煤炭交易有限公司	1
云交易	黄河金三角	陕西黄河金三角大宗商品交易中心有限公司	1
云交易	邢台市产权交易中心	邢台市产权交易中心	1
中远期交易	广州股权交易中心	广州股权交易中心有限公司	144
中远期交易	东盟海产品交易所	东盟海产品交易所有限公司	27
中远期交易	横琴国际商品交易中心	横琴国际商品交易中心有限公司	16
中远期交易	丝路金交	西安丝路金融资产交易中心有限公司	15
中远期交易	牡丹国际商品交易中心	牡丹国际商品交易中心有限公司	12
中远期交易	中原股权交易中心	中原股权交易中心股份有限公司	12

续表

关键词	平台名称	机构名称	数量（个）
中远期交易	南宁（中国—东盟）商品交易所	南宁（中国—东盟）商品交易所有限公司	12
中远期交易	甘肃中药材交易中心	甘肃中药材交易中心股份有限公司	12
中远期交易	广州华南石化交易中心	广州华南石化交易中心有限公司	12
中远期交易	新疆新粮粮油交易中心	新疆新粮粮油交易中心有限公司	10
资产包	深圳联合产权交易网—公有产权平台	深圳联合产权交易所股份有限公司	3015
资产包	深圳联合产权交易所	深圳联合产权交易所股份有限公司	3012
资产包	山西省产权交易中心	山西省产权交易中心股份有限公司	530
资产包	山东产权交易中心	山东产权交易中心有限公司	372
资产包	招银前海金融	深圳市招银前海金融资产交易中心有限公司	232
资产包	宁夏股权托管交易中心	宁夏股权托管交易中心（有限公司）	133
资产包	北京金融资产交易所	北京金融资产交易所有限公司	118
资产包	海峡金融资产交易中心	福建海峡金融资产交易中心有限公司	101
资产包	西南联合产权交易所	西南联合产权交易所有限责任公司	100
资产包	文创金服	湖北华中文化产权交易所有限公司	98
做市商	广州股权交易中心	广州股权交易中心有限公司	180
做市商	贵州中进大宗商品交易中心	贵州中进大宗商品交易中心有限公司	103
做市商	广东金融高新区股权交易中心	广东金融高新区股权交易中心有限公司	50
做市商	新华大宗	浙江新华大宗商品交易中心有限公司	46
做市商	牡丹国际商品交易中心	牡丹国际商品交易中心有限公司	36
做市商	广东省贵金属交易中心	广东省贵金属交易中心有限公司	34
做市商	新疆中亚商品交易中心	新疆中亚商品交易中心股份有限公司	27
做市商	辽宁股权交易中心	辽宁股权交易中心股份有限公司	21
做市商	前海股权交易中心	深圳前海股权交易中心有限公司	17
做市商	西安环海陆港商品交易中心	西安环海陆港商品交易中心有限公司	17

3.6.2　名单外交易场所

名单外交易所中1775家平台网站中涉及62个上述关键词，其余5个未在平台中出现。表3-14整体统计了关键词在上述平台中出现的总次数，钱币、原油、贵金属、基金、现货白银这5个关键词在名单外交易场所中出现频率最高。表3-15具体展示了各个关键词在各个平台里出现的频率，其中白银网、赞佳黄金、纸金网、白银开户网、新木金融城这5家平台出现关键词的次数最多，对应关键词是T＋D，剩余4个出现次数最多的关键词是保险、保证金交易、标准化合约及藏品委托。

表3-14　　　　　　名单外交易所中62个关键词整体统计

序号	关键词	关键词总数量（个）	序号	关键词	关键词总数量（个）
1	钱币	683465	32	杠杆交易	443
2	原油	192310	33	居间商	335
3	贵金属	124675	34	集中交易	306
4	基金	60027	35	连续交易	295
5	现货白银	28463	36	授权服务机构	269
6	保险	26535	37	标准化合约	208
7	微交易	19891	38	递延交易	196
8	邮币卡	11059	39	延期费	193
9	云交易	11049	40	磁卡	124
10	信托	10605	41	金融产品交易	121
11	T＋D	9925	42	多空双向	120
12	现货投资	8385	43	当日进出	114
13	点差	6073	44	中远期交易	112
14	信贷	5108	45	电子撮合	103
15	微盘	3944	46	权益拆分	65
16	交易会员	2276	47	匿名交易	62
17	发售	2212	48	邮资票品	56
18	代理商	1924	49	虚拟交易	48
19	保证金交易	1886	50	对赌平台	46
20	现货沥青	1804	51	现金交割	41
21	隔夜费	1774	52	分散式柜台	31

序号	关键词	关键词总数量（个）	序号	关键词	关键词总数量（个）
22	资产包	1553	53	现货发售	30
23	喊单	1473	54	迷你合约	11
24	电子交易平台	1434	55	反单	9
25	二元期权	883	56	迷你盘	8
26	集中竞价	696	57	定向融资计划	8
27	集合竞价	693	58	延时交易	7
28	非农行情	631	59	融资融货	6
29	做市商	621	60	藏品委托	4
30	现货延期	527	61	艺术平交易	1
31	高杠杆	459	62	代理外盘	1

备注：上述 62 个关键词在 1775 家名单外交易所网址里出现过。其余 5 个关键词一次也没有出现，包括 T + 0、受益权拆分、平台软件商、类证券发行、多变跨市场。

表 3 – 15　　　　　　　　　名单外交易所关键词监测结果

关键词	平台名称	机构名称	数量（个）
T + D	白银网	—	4408
T + D	赞佳黄金	浙江赞佳黄金股份有限公司	2601
T + D	纸金网	—	2032
T + D	白银开户网	青岛华银商品交易中心有限公司	402
T + D	新木金融城	—	128
T + D	招金黄金交易中心	山东招金投资股份有限公司	101
T + D	鑫世界珠宝	深圳市鑫世界珠宝有限公司	81
T + D	领峰贵金属	领峰贵金属有限公司	69
T + D	白银投资网	杭州热尔网络科技有限公司	54
T + D	浙江世尊实业有限公司	浙江世尊实业有限公司	49
保险	新木金融城	—	7639
保险	中保登	中保保险资产登记交易系统有限公司	5759
保险	中国地产金融网	北京中视紫金商务咨询有限公司南京分公司	2674
保险	物权网	北京世纪天嘉信息技术有限责任公司	2342
保险	华纳国际	乾货（上海）互联网金融信息服务有限公司	2254

续表

关键词	平台名称	机构名称	数量（个）
保险	大宗商品贸易	上海大宗贸易有限公司	1954
保险	中国书画服务中心	山东艺都国际文化产业股份有限公司	1273
保险	浙江产权交易所	浙江产权交易所有限公司	1038
保险	保游网	深圳市保游网络科技有限公司	936
保险	上海摆米金融投资有限公司	上海摆米科技有限公司	666
保证金交易	纸金网	—	420
保证金交易	芝麻外汇	—	405
保证金交易	香港鑫圣金业集团有限公司	香港鑫圣金业集团有限公司	234
保证金交易	邦达亚洲	—	176
保证金交易	广州隆鑫大宗	—	133
保证金交易	TOP500	—	122
保证金交易	HYCM 兴业投资（英国）	浙江狙金资产管理有限公司	120
保证金交易	DSGForex	—	115
保证金交易	湘商微交易	—	81
保证金交易	AFX300	—	80
标准化合约	现货视窗	—	71
标准化合约	新华大宗商品交易所	杭州唐塞科技有限公司	22
标准化合约	上海场外大宗商品衍生品协会	上海场外大宗商品衍生品协会	22
标准化合约	广西西贵所	广西西贵所贸易有限公司	20
标准化合约	天府盐交易中心	自贡天府商品交易所盐交易中心有限公司	18
标准化合约	武汉票据交易中心	武汉聚风天下科技有限公司	12
标准化合约	联盛金业	福建中福大宗商品交易中心有限公司	11
标准化合约	华纳国际	乾货（上海）互联网金融信息服务有限公司	11
标准化合约	西安文化产权交易中心	西安文化产权交易中心有限公司	11
标准化合约	广晟国际商品交易中心	深圳前海广晟国际商品交易中心有限公司	10
藏品委托	我的收藏品	渤商邮币卡交易中心股份有限公司	2
藏品委托	郑州文化艺术品交易所	郑州文化艺术品交易所股份有限公司	2
磁卡	锦州硕达文化投资有限公司	锦州硕达文化投资有限公司	56

续表

关键词	平台名称	机构名称	数量（个）
磁卡	我的收藏品	渤商邮币卡交易中心股份有限公司	33
磁卡	纵原收藏网	广州欧梭贸易有限公司	9
磁卡	中国国际文化产权交易所	中国国际文化产权交易所有限公司	8
磁卡	新木金融城	—	8
磁卡	通达国际期货	—	2
磁卡	河北滨海大宗商品交易市场	河北滨海大宗商品交易市场服务有限公司	2
磁卡	九牛股权	上海盈如投资管理合伙企业（有限合伙）	2
磁卡	卓越能源	—	2
磁卡	浙江贵轩投资管理有限公司	浙江贵轩投资管理有限公司	2
代理商	兴业投资	—	474
代理商	HYCM兴业投资（英国）	浙江狙金资产管理有限公司	328
代理商	烟台市金蚂蚁投资有限公司	烟台市金蚂蚁投资有限公司	263
代理商	聚贸	浙江聚贸电子商务有限公司	141
代理商	上海新三板股权全国招商	上海弘育股权投资基金管理（集团）有限公司	133
代理商	现货视窗	—	130
代理商	票管通	深圳前海中金海汇商业保理有限公司	122
代理商	TradeMax	Trademax Capital Pty Limited	120
代理商	中国书画服务中心	山东艺都国际文化产业股份有限公司	107
代理商	金联创	金联创网络科技有限公司	106
代理外盘	赞佳黄金	浙江赞佳黄金股份有限公司	1
当日进出	山东天德能源交易中心	山东天德石油化工有限公司	24
当日进出	江西鑫合晟商品交易中心	—	19
当日进出	辽宁辽本大宗商品交易中心	—	18
当日进出	汉声金业	—	16
当日进出	交易所	—	10
当日进出	浙江弘裕大宗商品交易中心	浙江弘裕贸易有限公司	6
当日进出	江西禄川商品交易中心	—	6
当日进出	铸博皇御贵金属	铸博皇御贵金属有限公司	5

续表

关键词	平台名称	机构名称	数量（个）
当日进出	金盛贵金属	香港金盛贵金属有限公司	5
当日进出	富昌金业	富昌金业有限公司	5
递延交易	纸金网	—	162
递延交易	湘商微交易	—	14
递延交易	鑫汇宝贵金属（香港）	鑫汇宝贵金属有限公司	10
递延交易	白银投资网	杭州热尔网络科技有限公司	2
递延交易	金道贵金属	金道贵金属有限公司	2
递延交易	白银网	—	2
递延交易	纸白银网	—	1
递延交易	香港金银业贸易场	—	1
递延交易	温州融金世纪贵金属交易有限公司	—	1
递延交易	赞佳黄金	浙江赞佳黄金股份有限公司	1
点差	HYCM兴业投资（英国）	浙江狙金资产管理有限公司	1308
点差	领峰贵金属	领峰贵金属有限公司	1011
点差	兴业投资	—	957
点差	金荣中国	金荣中国金融业有限公司	729
点差	富格林有限公司	富格林有限公司	592
点差	Meta Trader 4	—	352
点差	中国书画服务中心	山东艺都国际文化产业股份有限公司	349
点差	香港鑫圣金业集团有限公司	香港鑫圣金业集团有限公司	282
点差	白银开户网	青岛华银商品交易中心有限公司	270
点差	金盛贵金属	香港金盛贵金属有限公司	223
电子撮合	青岛司通	青岛司通网络软件科技有限公司	32
电子撮合	现货视窗	—	32
电子撮合	华纳国际	乾货（上海）互联网金融信息服务有限公司	11
电子撮合	天府盐交易中心	自贡天府商品交易所盐交易中心有限公司	4
电子撮合	新华大宗商品交易所	杭州唐塞科技有限公司	4
电子撮合	江西省九龙湖投资品交易中心	江西省九龙湖投资品交易中心有限公司	4

关键词	平台名称	机构名称	数量（个）
电子撮合	农产品现货交易	奉节县坤诚中药材种植股份合作社	4
电子撮合	上海场外大宗商品衍生品协会	上海场外大宗商品衍生品协会	4
电子撮合	广西西贵所	广西西贵所贸易有限公司	4
电子撮合	西双版纳商品交易所	西双版纳商品交易中心股份有限公司	4
电子交易平台	鲁粮网	山东省粮油交易中心	383
电子交易平台	大田环球贵金属	大田金银业集团有限公司	262
电子交易平台	四川大宗商品电子交易平台杭州运营中心	四川浩瀚大海电子商务有限公司	245
电子交易平台	满洲里市公共资源交易中心	—	106
电子交易平台	指南针商品交易市场	贵州遵义指南针商品交易有限责任公司	105
电子交易平台	兴业投资	—	85
电子交易平台	山东寿光蔬菜产业集团（青岛）商品交易市场	山东寿光蔬菜产业集团（青岛）商品交易市场有限公司	84
电子交易平台	广州商品交易所钱币邮票交易中心	广州市邮金所信息科技有限公司	62
电子交易平台	北京康盛运大宗商品交易中心	—	51
电子交易平台	现货视窗	—	51
定向融资计划	天津华尔金贵金属交易市场	天津华尔金贵金属交易市场有限公司	3
定向融资计划	华纳国际	乾货（上海）互联网金融信息服务有限公司	3
定向融资计划	现货视窗	—	2
对赌平台	大田环球贵金属	大田金银业集团有限公司	40
对赌平台	金盛贵金属	香港金盛贵金属有限公司	2
对赌平台	坚固金业	—	2
对赌平台	西安大宗农产品交易所	西安大宗农产品交易所有限公司	1
对赌平台	共铜商品	江西省共铜贸易有限公司	1
多空双向	山东天德能源交易中心	山东天德石油化工有限公司	24
多空双向	江西鑫合晟商品交易中心		19
多空双向	辽宁辽本大宗商品交易中心		18
多空双向	汉声金业	—	16

续表

关键词	平台名称	机构名称	数量（个）
多空双向	金盛贵金属	香港金盛贵金属有限公司	10
多空双向	纸金网	—	6
多空双向	浙江弘裕大宗商品交易中心	浙江弘裕贸易有限公司	6
多空双向	江西禄川商品交易中心	—	6
多空双向	铸博皇御贵金属	铸博皇御贵金属有限公司	5
二元期权	宝盛国际	深圳宝汇盛丰信息咨询有限公司	584
二元期权	凡人资本	—	152
二元期权	Pocket Option	—	40
二元期权	宝盛微交易	宝盛国际控股有限公司	28
二元期权	华纳国际	乾货（上海）互联网金融信息服务有限公司	28
二元期权	奇牛国际	云南九方纳财经济信息咨询有限公司	14
二元期权	钜丰金业	钜丰金业有限公司	11
二元期权	IQ Option 二元期权	—	10
二元期权	优彩云交易	—	8
二元期权	熊猫微交易	—	8
发售	上海裕达知识产权服务有限公司	上海裕达知识产权服务有限公司	679
发售	中国书画服务中心	山东艺都国际文化产业股份有限公司	429
发售	陕西省公共资源交易服务平台	陕西省公共资源交易中心	232
发售	香港东方文化产权交易所	香港东方文化产权交易所有限公司	198
发售	大宗商品贸易	上海大宗贸易有限公司	126
发售	嘉兴市公共资源交易中心	嘉兴市公共资源交易中心	124
发售	温县公共资源交易中心	温县公共资源交易中心	112
发售	衢州市公共资源交易网	—	108
发售	华纳国际	乾货（上海）互联网金融信息服务有限公司	106
发售	新木金融城	—	98
反单	优彩云交易	—	2
反单	华纳国际	乾货（上海）互联网金融信息服务有限公司	2
反单	现货视窗	—	2

续表

关键词	平台名称	机构名称	数量（个）
反单	汉声集团	汉声集团有限公司	1
反单	渤商宝	凡道广告传媒（北京）有限公司	1
反单	新木金融城	—	1
非农行情	鑫汇宝贵金属（香港）	鑫汇宝贵金属有限公司	194
非农行情	金盛贵金属	香港金盛贵金属有限公司	155
非农行情	领峰贵金属	领峰贵金属有限公司	147
非农行情	纸金网	—	46
非农行情	香港金银业贸易场	—	42
非农行情	新木金融城	—	17
非农行情	香港久久	香港久久有限公司	9
非农行情	辽本商品交易中心	辽宁辽本商品交易中心有限公司	8
非农行情	贵金属交易服务平台	金创互动科技（深圳）有限公司	7
非农行情	白银网	—	6
分散式柜台	现货视窗	—	26
分散式柜台	通达国际期货	—	1
分散式柜台	广州盈乐网络科技	广州市盈乐网络科技有限公司	1
分散式柜台	西北鼎弘大宗商品交易中心		1
分散式柜台	华纳国际	乾货（上海）互联网金融信息服务有限公司	1
杠杆交易	白银网	—	149
杠杆交易	鑫汇宝贵金属（香港）	鑫汇宝贵金属有限公司	111
杠杆交易	CPT Markets	—	50
杠杆交易	简单 SVSFX	—	32
杠杆交易	领峰贵金属	领峰贵金属有限公司	26
杠杆交易	华纳国际	乾货（上海）互联网金融信息服务有限公司	19
杠杆交易	金盛贵金属	香港金盛贵金属有限公司	17
杠杆交易	富格林有限公司	富格林有限公司	14
杠杆交易	真宝金融集团	真宝集团有限公司	13

续表

关键词	平台名称	机构名称	数量（个）
杠杆交易	香港金银业贸易场	—	12
高杠杆	TOP500	—	113
高杠杆	新木金融城	—	105
高杠杆	华纳国际	乾货（上海）互联网金融信息服务有限公司	54
高杠杆	Morgan	—	48
高杠杆	大宗商品贸易	上海大宗贸易有限公司	36
高杠杆	现货视窗	—	31
高杠杆	农产品现货交易	奉节县坤诚中药材种植股份合作社	26
高杠杆	Meta Trader 4	—	16
高杠杆	奇牛国际	云南九方纳财经济信息咨询有限公司	16
高杠杆	鑫汇宝贵金属（香港）	鑫汇宝贵金属有限公司	14
隔夜费	天津华尔金贵金属交易市场	天津华尔金贵金属交易市场有限公司	1372
隔夜费	邦达亚洲	—	216
隔夜费	77 易购	—	57
隔夜费	微交易学习网	—	42
隔夜费	白银开户网	青岛华银商品交易中心有限公司	32
隔夜费	白银网	—	20
隔夜费	大田环球贵金属	大田金银业集团有限公司	10
隔夜费	万銮国际	万銮国际金号有限公司	9
隔夜费	大连启宣大宗交易中心	—	8
隔夜费	九藏创益	宁夏九藏创益电子商务有限公司	8
贵金属	金联创	金联创网络科技有限公司	61528
贵金属	领峰贵金属	领峰贵金属有限公司	12943
贵金属	天津华尔金贵金属交易市场	天津华尔金贵金属交易市场有限公司	11129
贵金属	恒信贵金属	恒信贵金属有限公司	9890
贵金属	鑫汇宝贵金属（香港）	鑫汇宝贵金属有限公司	6284
贵金属	广州盈乐网络科技	广州市盈乐网络科技有限公司	5503
贵金属	焯华贵金属	焯华贵金属有限公司	5308
贵金属	金盛贵金属	香港金盛贵金属有限公司	5077
贵金属	金道贵金属	金道贵金属有限公司	3662

续表

关键词	平台名称	机构名称	数量（个）
贵金属	白银网	—	3351
喊单	山东寿光蔬菜产业集团（青岛）商品交易市场	山东寿光蔬菜产业集团（青岛）商品交易市场有限公司	668
喊单	纸金网	—	301
喊单	天誉国际	—	104
喊单	大田环球贵金属	大田金银业集团有限公司	89
喊单	鑫汇宝贵金属（香港）	鑫汇宝贵金属有限公司	80
喊单	青岛司通	青岛司通网络软件科技有限公司	75
喊单	优彩云交易		64
喊单	拓盈	拓盈国际有限公司	32
喊单	丰茂大宗商品交易中心		31
喊单	金盛贵金属	香港金盛贵金属有限公司	29
基金	中国地产金融网	北京中视紫金商务咨询有限公司南京分公司	21356
基金	华纳国际	乾货（上海）互联网金融信息服务有限公司	14018
基金	新木金融城		10501
基金	中国书画服务中心	山东艺都国际文化产业股份有限公司	3013
基金	SMBEEC	首创智德（深圳）投资发展有限公司	2424
基金	大宗商品贸易	上海大宗贸易有限公司	2061
基金	富昌金业	富昌金业有限公司	1814
基金	壹融通	深圳市融汇通金科技有限公司	1668
基金	金联创	金联创网络科技有限公司	1594
基金	浙江产权交易所	浙江产权交易所有限公司	1578
集合竞价	新木金融城	—	301
集合竞价	三板财富	上海强合投资咨询有限公司	118
集合竞价	山东寿光蔬菜产业集团（青岛）商品交易市场	山东寿光蔬菜产业集团（青岛）商品交易市场有限公司	81
集合竞价	招金黄金交易中心	山东招金投资股份有限公司	50
集合竞价	翠绿金业	深圳市翠绿金业有限公司	30
集合竞价	白银网	—	30

关键词	平台名称	机构名称	数量（个）
集合竞价	华纳国际	乾货（上海）互联网金融信息服务有限公司	25
集合竞价	汉唐紫金	福建汉唐紫金实业有限公司	22
集合竞价	三次方投资	—	20
集合竞价	青岛汇海大宗商品现货交易市场	青岛汇海大宗商品现货交易市场有限公司	16
集中交易	现货视窗	—	84
集中交易	嘉兴市公共资源交易中心	嘉兴市公共资源交易中心	62
集中交易	电易汇	北京蚁合信息技术有限公司	28
集中交易	新木金融城	—	21
集中交易	天府盐交易中心	自贡天府商品交易所盐交易中心有限公司	20
集中交易	华纳国际	乾货（上海）互联网金融信息服务有限公司	20
集中交易	全国公共资源交易平台（四川省内江市）	内江市公共资源交易服务中心	20
集中交易	广西壮族自治区公共资源交易中心	—	18
集中交易	上海场外大宗商品衍生品协会	上海场外大宗商品衍生品协会	18
集中交易	新华大宗商品交易所	杭州唐塞科技有限公司	15
集中竞价	新木金融城	—	320
集中竞价	电易汇	北京蚁合信息技术有限公司	234
集中竞价	华纳国际	乾货（上海）互联网金融信息服务有限公司	31
集中竞价	现货视窗	—	27
集中竞价	西北鼎弘大宗商品交易中心	—	20
集中竞价	云南西楚商品交易中心	—	18
集中竞价	爱淘稿	广州淘联信息技术有限公司	17
集中竞价	卓越能源	—	12
集中竞价	金盛环球金融集团	—	10
集中竞价	中国地产金融网	北京中视紫金商务咨询有限公司南京分公司	7

续表

关键词	平台名称	机构名称	数量（个）
交易会员	北方文化艺术收藏品交易中心	河南北方文化艺术收藏品交易中心（普通合伙）	578
交易会员	南京文交所钱币邮票交易中心	江苏金翰麒电子商务有限公司	410
交易会员	河北滨海大宗商品交易市场	河北滨海大宗商品交易市场服务有限公司	299
交易会员	瑞鹏国际商品交易中心	瑞鹏国际商品交易中心有限公司	258
交易会员	贵州陈年白酒交易平台	遵义博广酒文化传播有限公司	240
交易会员	广东产权顺德交易所藏品现货电子交易中心	广东金邮投资有限公司	143
交易会员	广东华南棉花交易市场	广东华南棉花交易市场有限公司	125
交易会员	中茶网	武汉招金网络科技有限公司	107
交易会员	香港东方文化产权交易所	香港东方文化产权交易所有限公司	63
交易会员	北交所福丽特邮币交易平台	北京福丽特云商收藏品有限公司	53
金融产品交易	武汉票据交易中心	武汉聚风天下科技有限公司	21
金融产品交易	ASK Capital	—	18
金融产品交易	上海场外大宗商品衍生品协会	上海场外大宗商品衍生品协会	16
金融产品交易	天府盐交易中心	自贡天府商品交易所盐交易中心有限公司	12
金融产品交易	新华大宗商品交易所	杭州唐塞科技有限公司	12
金融产品交易	广西西贵所	广西西贵所贸易有限公司	12
金融产品交易	现货视窗	—	11
金融产品交易	联盛金业	福建中福大宗商品交易中心有限公司	7
金融产品交易	深圳黄金投资有限公司	深圳黄金投资有限公司	6
金融产品交易	广晟国际商品交易中心	深圳前海广晟国际商品交易中心有限公司	6
居间商	烟台市金蚂蚁投资有限公司	烟台市金蚂蚁投资有限公司	265
居间商	九藏创益	宁夏九藏创益电子商务有限公司	10
居间商	远东贵金属	远东贵金属有限公司	9
居间商	永城百昇大宗电子商务有限公司	永城百昇大宗电子商务有限公司	9
居间商	浙江弘裕大宗商品交易中心	浙江弘裕贸易有限公司	8

关键词	平台名称	机构名称	数量（个）
居间商	江西省九龙湖投资品交易中心	江西省九龙湖投资品交易中心有限公司	8
居间商	现货视窗	—	8
居间商	浙江赤北大宗商品交易中心	—	6
居间商	浙江赤北商品交易中心	—	6
居间商	辽本商品交易中心	辽宁辽本商品交易中心有限公司	6
连续交易	山东天德能源交易中心	山东天德石油化工有限公司	49
连续交易	江西鑫合晟商品交易中心	—	40
连续交易	辽宁辽本大宗商品交易中心	—	37
连续交易	幸福投资网	上海旭贵实业有限公司	34
连续交易	汉声金业	—	32
连续交易	鼎展金业	鼎展金业有限公司	26
连续交易	浙江弘裕大宗商品交易中心	浙江弘裕贸易有限公司	24
连续交易	金盛贵金属	香港金盛贵金属有限公司	17
连续交易	江西禄川商品交易中心	—	16
迷你合约	通达国际期货	—	4
迷你合约	AFX300	—	2
迷你合约	西北鼎弘大宗商品交易中心	—	2
迷你合约	卓越能源	—	2
迷你合约	纸金网	—	1
迷你盘	纸金网	—	6
迷你盘	新木金融城	—	1
迷你盘	白银开户网	青岛华银商品交易中心有限公司	1
匿名交易	现货视窗	—	23
匿名交易	恒信贵金属	恒信贵金属有限公司	6
匿名交易	华纳国际	乾货（上海）互联网金融信息服务有限公司	6
匿名交易	天府盐交易中心	自贡天府商品交易所盐交易中心有限公司	4
匿名交易	新华大宗商品交易所	杭州唐塞科技有限公司	4

续表

关键词	平台名称	机构名称	数量（个）
匿名交易	江西省九龙湖投资品交易中心	江西省九龙湖投资品交易中心有限公司	4
匿名交易	上海场外大宗商品衍生品协会	上海场外大宗商品衍生品协会	4
匿名交易	广西西贵所	广西西贵所贸易有限公司	4
匿名交易	西双版纳商品交易所	西双版纳商品交易中心股份有限公司	4
匿名交易	中国珠宝玉石原石交易平台	中矿投资（北京）有限公司	3
钱币	中国书画服务中心	山东艺都国际文化产业股份有限公司	673288
钱币	广州商品交易所钱币邮票交易中心	广州市邮金所信息科技有限公司	2572
钱币	广西南宁旺藏元贸易有限公司	广西南宁旺藏元贸易有限公司	1961
钱币	锦州硕达文化投资有限公司	锦州硕达文化投资有限公司	1361
钱币	易金在线	北京易金信德科技有限公司	1235
钱币	南京文交所钱币邮票交易中心	江苏金翰麒电子商务有限公司	917
钱币	中国国际文化产权交易所	中国国际文化产权交易所有限公司	798
钱币	我的收藏品	渤商邮币卡交易中心股份有限公司	712
钱币	纵原收藏网	广州欧梭贸易有限公司	340
钱币	泰星金币	新乡市泰星金币开发有限公司	281
权益拆分	现货视窗	—	17
权益拆分	上海场外大宗商品衍生品协会	上海场外大宗商品衍生品协会	8
权益拆分	天府盐交易中心	自贡天府商品交易所盐交易中心有限公司	6
权益拆分	新华大宗商品交易所	杭州唐塞科技有限公司	6
权益拆分	广西西贵所	广西西贵所贸易有限公司	6
权益拆分	西双版纳商品交易所	西双版纳商品交易中心股份有限公司	6
权益拆分	西安文化产权交易中心	西安文化产权交易中心有限公司	5
权益拆分	联盛金业	福建中福大宗商品交易中心有限公司	4
权益拆分	武汉票据交易中心	武汉聚风天下科技有限公司	4
权益拆分	中国珠宝玉石原石交易平台	中矿投资（北京）有限公司	3
融资融货	南交所稀土品交易中心	梅州岭南稀土品投资管理有限公司	3
融资融货	江西禄川商品交易中心	—	2
融资融货	中合能源交易中心	东营中合农副产品交易中心有限公司	1

关键词	平台名称	机构名称	数量（个）
授权服务机构	四川大宗商品电子交易平台杭州运营中心	四川浩瀚大海电子商务有限公司	111
授权服务机构	渤商宝	凡道广告传媒（北京）有限公司	46
授权服务机构	现货视窗	—	31
授权服务机构	河北滨海大宗商品交易市场	河北滨海大宗商品交易市场服务有限公司	18
授权服务机构	上海红酒交易中心	上海红酒交易中心股份有限公司	16
授权服务机构	文交联合	北京文交联合投资有限公司	11
授权服务机构	大连启宣大宗交易中心	—	10
授权服务机构	我的收藏品	渤商邮币卡交易中心股份有限公司	10
授权服务机构	青岛汇海大宗商品现货交易市场	青岛汇海大宗商品现货交易市场有限公司	8
授权服务机构	中盛安泰	中盛安泰商品交易市场有限公司	8
微交易	熊猫微交易	—	7951
微交易	广州盈乐网络科技	广州市盈乐网络科技有限公司	3734
微交易	湘商微交易	—	1839
微交易	亿成国际	—	1512
微交易	微交易学习网	—	930
微交易	宝盛国际	深圳宝汇盛丰信息咨询有限公司	882
微交易	赢汇通	—	807
微交易	外汇微盘	—	766
微交易	鸿茂环球	—	752
微交易	外汇微交易	—	718
微盘	新木金融城	—	1474
微盘	肇庆市金明投资有限公司	肇庆市金明投资有限公司	785
微盘	鑫海世茂投资	北京鑫海世茂投资管理有限公司	390
微盘	鼎盛国际	广州松和投资咨询有限公司	356
微盘	白银开户网	青岛华银商品交易中心有限公司	236
微盘	外汇微盘	—	228
微盘	九藏创益	宁夏九藏创益电子商务有限公司	188
微盘	国际期货微交易	—	119

关键词	平台名称	机构名称	数量（个）
微盘	嘉邦国际	—	107
微盘	熊猫微交易	—	61
现货白银	白银网	—	8757
现货白银	白银开户网	青岛华银商品交易中心有限公司	8300
现货白银	纸金网	—	3224
现货白银	万銮国际	万銮国际金号有限公司	1771
现货白银	白银投资网	杭州热尔网络科技有限公司	1380
现货白银	新木金融城	—	1209
现货白银	佑生金号有限公司	佑生金号有限公司	1084
现货白银	广州盈乐网络科技	广州市盈乐网络科技有限公司	1025
现货白银	领峰贵金属	领峰贵金属有限公司	971
现货白银	富格林有限公司	富格林有限公司	742
现货发售	现货视窗	—	12
现货发售	嘉兴中国华凝交易市场（浙）	宁波弘春新商贸有限公司	3
现货发售	大交普洱	中国供销集团有限公司	3
现货发售	华银商品交易中心	青岛华银商品交易中心有限公司	3
现货发售	华纳国际	乾货（上海）互联网金融信息服务有限公司	3
现货发售	香港久久有限公司	香港久久有限公司	2
现货发售	云南西楚商品交易中心	—	2
现货发售	中国珠宝玉石原石交易平台	中矿投资（北京）有限公司	1
现货发售	国润商品贸易有限公司	—	1
现货沥青	白银开户网	青岛华银商品交易中心有限公司	1690
现货沥青	新木金融城	—	50
现货沥青	坚固金业	—	23
现货沥青	白银投资网	杭州热尔网络科技有限公司	16
现货沥青	华银商品交易中心	青岛华银商品交易中心有限公司	11
现货沥青	渤商宝	凡道广告传媒（北京）有限公司	6
现货沥青	共创财富（福建）	福建共创财富资产管理有限公司	3
现货沥青	华纳国际	乾货（上海）互联网金融信息服务有限公司	2

续表

关键词	平台名称	机构名称	数量（个）
现货沥青	广州隆鑫大宗	—	2
现货沥青	辽本商品交易中心	辽宁辽本商品交易中心有限公司	1
现货投资	渤商宝	凡道广告传媒（北京）有限公司	3539
现货投资	农产品现货交易	奉节县坤诚中药材种植股份合作社	2674
现货投资	新木金融城	—	1526
现货投资	坚固金业	—	208
现货投资	青岛汇海大宗商品现货交易市场	青岛汇海大宗商品现货交易市场有限公司	185
现货投资	纸金网	—	110
现货投资	领峰贵金属	领峰贵金属有限公司	49
现货投资	鑫海世茂投资	北京鑫海世茂投资管理有限公司	36
现货投资	鑫汇宝贵金属（香港）	鑫汇宝贵金属有限公司	32
现货投资	华纳国际	乾货（上海）互联网金融信息服务有限公司	26
现货延期	翠绿金业	深圳市翠绿金业有限公司	345
现货延期	白银网	—	66
现货延期	华茂黄金	山西华茂黄金交易有限责任公司	34
现货延期	深圳黄金投资有限公司	深圳黄金投资有限公司	18
现货延期	领峰贵金属	领峰贵金属有限公司	14
现货延期	华西黄金	重庆华西黄金产业发展有限公司	11
现货延期	鑫汇宝贵金属（香港）	鑫汇宝贵金属有限公司	10
现货延期	纸金网	—	10
现货延期	广州盈乐网络科技	广州市盈乐网络科技有限公司	10
现货延期	广西黄金投资有限责任公司	广西黄金投资有限责任公司	9
现金交割	金盛贵金属	香港金盛贵金属有限公司	6
现金交割	招金黄金交易中心	山东招金投资股份有限公司	6
现金交割	上海场外大宗商品衍生品协会	上海场外大宗商品衍生品协会	6
现金交割	华纳国际	乾货（上海）互联网金融信息服务有限公司	5
现金交割	新木金融城	—	5
现金交割	云南西楚商品交易中心	—	4

关键词	平台名称	机构名称	数量（个）
现金交割	鼎盛大宗商品交易中心	—	3
现金交割	乐信期货	—	2
现金交割	汉唐紫金	福建汉唐紫金实业有限公司	2
现金交割	华茂黄金	山西华茂黄金交易有限责任公司	2
信贷	华纳国际	乾货（上海）互联网金融信息服务有限公司	1233
信贷	新木金融城	—	1159
信贷	中国地产金融网	北京中视紫金商务咨询有限公司南京分公司	729
信贷	瑞杰知识产权	深圳市瑞杰知识产权代理有限公司	533
信贷	绿蓉融		278
信贷	中国书画服务中心	山东艺都国际文化产业股份有限公司	272
信贷	渭源县农村产权交易中心		253
信贷	融资线	上海豆伴互联网金融信息服务有限公司	248
信贷	大宗商品贸易	上海大宗贸易有限公司	245
信贷	富昌金业	富昌金业有限公司	158
信托	中国地产金融网	北京中视紫金商务咨询有限公司南京分公司	6234
信托	新木金融城	—	2103
信托	华纳国际	乾货（上海）互联网金融信息服务有限公司	655
信托	中国书画服务中心	山东艺都国际文化产业股份有限公司	491
信托	壹融通	深圳市融汇通金科技有限公司	254
信托	上海摆米金融投资有限公司	上海摆米科技有限公司	240
信托	大宗商品贸易	上海大宗贸易有限公司	204
信托	神州土地	神州土地（北京）信息技术有限公司	201
信托	吉林佳乐意大宗商品交易中心	—	115
信托	恒信贵金属	恒信贵金属有限公司	108
虚拟交易	白银网	—	15
虚拟交易	吉林省公共资源交易中心	珲春市公共资源交易中心	6

续表

关键词	平台名称	机构名称	数量（个）
虚拟交易	国际期货微交易	—	6
虚拟交易	物权网	北京世纪天嘉信息技术有限责任公司	6
虚拟交易	香港鑫圣金业集团有限公司	香港鑫圣金业集团有限公司	3
虚拟交易	华纳国际	乾货（上海）互联网金融信息服务有限公司	3
虚拟交易	新木金融城	—	3
虚拟交易	文交联合	北京文交联合投资有限公司	2
虚拟交易	大田环球贵金属	大田金银业集团有限公司	2
虚拟交易	现货视窗	—	2
延期费	白银网	—	36
延期费	纸金网	—	22
延期费	烟台市金蚂蚁投资有限公司	烟台市金蚂蚁投资有限公司	22
延期费	新木金融城	—	20
延期费	浙江赤北商品交易中心	—	17
延期费	天津华尔金贵金属交易市场	天津华尔金贵金属交易市场有限公司	17
延期费	浙江弘裕大宗商品交易中心	浙江弘裕贸易有限公司	16
延期费	中业投资	晋江中业投资有限公司	15
延期费	浙江赤北大宗商品交易中心	—	14
延期费	辽本商品交易中心	辽宁辽本商品交易中心有限公司	14
延时交易	万銮国际	万銮国际金号有限公司	4
延时交易	浙江弘裕商品交易中心	—	2
延时交易	天津华尔金贵金属交易市场	天津华尔金贵金属交易市场有限公司	1
艺术品交易	北文中心	山东量子文化发展有限公司	1
邮币卡	易金在线	北京易金信德科技有限公司	7385
邮币卡	锦州硕达文化投资有限公司	锦州硕达文化投资有限公司	888
邮币卡	我的收藏品	渤商邮币卡交易中心股份有限公司	717
邮币卡	中南邮票交易中心（潍坊）	潍坊融德文化发展有限公司	682
邮币卡	泰星金币	新乡市泰星金币开发有限公司	379
邮币卡	广州商品交易所钱币邮票交易中心	广州市邮金所信息科技有限公司	284
邮币卡	河北滨海大宗商品交易市场	河北滨海大宗商品交易市场服务有限公司	270

续表

关键词	平台名称	机构名称	数量（个）
邮币卡	浙江贵轩投资管理有限公司	浙江贵轩投资管理有限公司	176
邮币卡	现货视窗	—	141
邮币卡	邮币卡互动网	北京罡风网络信息科技有限公司	137
邮资票品	纵原收藏网	广州欧梭贸易有限公司	35
邮资票品	广州商品交易所钱币邮票交易中心	广州市邮金所信息科技有限公司	12
邮资票品	中国国际文化产权交易所	中国国际文化产权交易所有限公司	2
邮资票品	河北滨海大宗商品交易市场	河北滨海大宗商品交易市场服务有限公司	2
邮资票品	锦州硕达文化投资有限公司	锦州硕达文化投资有限公司	2
邮资票品	南京文交所钱币邮票交易中心	江苏金翰麒电子商务有限公司	2
邮资票品	华纳国际	乾货（上海）互联网金融信息服务有限公司	1
原油	金联创	金联创网络科技有限公司	126909
原油	新木金融城	—	24729
原油	逸富国际	香港览逸信息科技有限公司	8314
原油	纸金网	—	5678
原油	白银开户网	青岛华银商品交易中心有限公司	5087
原油	吉林佳乐意大宗商品交易中心	—	4756
原油	天津华尔金贵金属交易市场	天津华尔金贵金属交易市场有限公司	4576
原油	西北鼎弘大宗商品交易中心	—	4419
原油	共铜商品	江西省共铜贸易有限公司	4350
原油	Meta Trader 4	—	3492
云交易	优彩云交易	—	9521
云交易	宝盛云交易	—	711
云交易	捌捌钱包	长沙众惠金融信息服务有限公司	363
云交易	coca 区闪投	—	188
云交易	宝盛国际	深圳宝汇盛丰信息咨询有限公司	147
云交易	亿成国际	—	60
云交易	宝盛微交易	宝盛国际控股有限公司	28
云交易	福汇国际微官网	—	18
云交易	熊猫微交易	—	7

关键词	平台名称	机构名称	数量（个）
云交易	辽本商品交易中心	辽宁辽本商品交易中心有限公司	6
中远期交易	西安大宗农产品交易所	西安大宗农产品交易所有限公司	18
中远期交易	中国珠宝玉石原石交易平台	中矿投资（北京）有限公司	15
中远期交易	上海场外大宗商品衍生品协会	上海场外大宗商品衍生品协会	14
中远期交易	天府盐交易中心	自贡天府商品交易所盐交易中心有限公司	12
中远期交易	新华大宗商品交易所	杭州唐塞科技有限公司	12
中远期交易	广西西贵所	广西西贵所贸易有限公司	12
中远期交易	武汉票据交易中心	武汉聚风天下科技有限公司	9
中远期交易	红网—资产交易	湖南红网新媒体集团有限公司	8
中远期交易	联盛金业	福建中福大宗商品交易中心有限公司	6
中远期交易	广晟国际商品交易中心	深圳前海广晟国际商品交易中心有限公司	6
资产包	中国地产金融网	北京中视紫金商务咨询有限公司南京分公司	1026
资产包	联合利国文化产权交易所	联合利国文化产权交易所有限公司	135
资产包	大马甲产权交易平台	浙江大马甲网络科技有限公司	84
资产包	浙江产权交易所	浙江产权交易所有限公司	63
资产包	贵州阳光产权交易所有限公司	贵州阳光产权交易所有限公司	59
资产包	杭州产权交易所	杭州产权交易所有限责任公司	46
资产包	新木金融城	—	46
资产包	江苏产权市场	江苏省产权交易所（江苏省股权登记中心）	36
资产包	红网—资产交易	湖南红网新媒体集团有限公司	31
资产包	香港东方文化产权交易所	香港东方文化产权交易所有限公司	27
做市商	华纳国际	乾货（上海）互联网金融信息服务有限公司	112
做市商	鑫汇宝贵金属（香港）	鑫汇宝贵金属有限公司	72
做市商	九牛股权	上海盈如投资管理合伙企业（有限合伙）	69
做市商	现货视窗	—	66

续表

关键词	平台名称	机构名称	数量（个）
做市商	天津华尔金贵金属交易市场	天津华尔金贵金属交易市场有限公司	62
做市商	浙江赤北大宗商品交易中心	—	49
做市商	三板财富	上海强合投资咨询有限公司	49
做市商	永城百昇大宗电子商务有限公司	永城百昇大宗电子商务有限公司	49
做市商	HYCM 兴业投资（英国）	浙江狙金资产管理有限公司	48
做市商	坚固金业	—	45

第四章　重点类别交易场所分析

结合上一章对交易场所的风险分析，可以看出目前全国各类交易场所乱象仍然层出不穷。地方交易场所中的涉嫌聚众赌博的微盘交易平台、违规拆分收益权的金融资产交易场所、非法从事期货交易的贵金属交易场所、对会员单位制造"暴富黑幕"的邮币卡交易中心曾是监管难点和重点，本章将具体分析这四类交易场所的情况。

4.1　微盘交易平台

4.1.1　微盘的定义

所谓微盘交易，就是基于手机 APP 或微信公众号开发的，以较小的投资金额，对标的商品进行买涨或买跌的投机行为。一些地方现货交易平台及其会员单位，或者其他投资咨询、网络科技公司，瞄准拥有零碎时间的手机用户，利用投资者"小赌怡情"的心理，在微信公众号、网站等注册客户多、流量大的互联网平台上嵌入微型交易系统或开发手机 APP，开展的微型标准化合约交易。投资者只需在微信公众号、APP、网站等平台输入手机号即可完成注册。

微盘交易大致可以分为两类：一类是微盘，主要由地方交易场所及其会员单位设立，将原来在交易场所交易的合约，缩小合约价值做成"迷你"合约，迁移到微信公众号、手机 APP、网站等平台上吸引个人投资者进行交易；另一类是微交易，大多由"××投资公司""××科技公司"等互联网公司设立，交易模式类似"二元期权"，由投资者对白银、原油、铜等大宗商品价格一定时间内的涨跌走势进行判断从而买涨或者买跌，损益事先约定，主要取决于涨跌方向，涉嫌聚众赌博。

微盘的交易单位很小，如1克银、0.1吨油，最低只要8元就能下单。用户通过手机 APP 或微信公众号不仅可以实时查看商品价格走势，还能随时随地进行下单、出入金等操作。设立微盘营业资质门槛低，只要有一个 APP 或者微信公众号就可以开张营业。微盘的盈利模式和现货交易类似，一般来说，客户交易手续费的20%归交易所，会员公司、代理商、经纪人分得余下80%和全部的客户亏损。也就是说，投资者和微盘经营者是对赌关系，投资者亏损他们就能盈利。微盘代理商会通过电话、微信、QQ群、股吧、网页、直播室等各种渠道开发用户，宣传微盘交易"1分钟收益75%""24小时 T+0 模式"。

4.1.2　微盘交易乱象

2015年，微盘交易平台以其"方便、快捷、简单"的特点受到广大投资人的青睐，国内大宗商品电子交易的门槛被大幅拉低，并形成娱乐化、博彩化势头。微盘交易市场鱼龙混杂，乱象丛生，大多数微盘交易不涉及实物交割，不具备规避价格风险、服务实体经济的功能。具体而言，微盘交易存在以下问题。

一是平台缺乏营业资质、交易模式违法违规。大多数微盘交易平台没有营业资质门槛，更没有相关部门的审批手续。而且，现货交易场所"迷你"版的"微盘"模式违反了相关监管文件，不准以集中交易方式进行标准化合约交易等禁止性规定；类"二元期权""微盘"模式涉嫌聚众赌博，甚至还涉嫌诈骗。

二是标的物种类繁多，"对赌"盛行。微盘交易平台上线的标的物种类异常繁多，除了大宗商品，还有比特币、贵金属、外汇、邮币卡、原始股、原油等，且将这些标的物符号化，参照国内外市场价格甚至虚设价格行情，并提供给投资者投机，操盘与之对赌。

三是平台收取高额手续费、提供高杠杆交易。通常现货交易手续费不超过交易额的万分之十，但市面上的大部分微盘交易平台仅开仓手续费就高达投资额的十分之一。并且微盘平台普遍提供高达40倍杠杆以上的交易功能，涨跌2.5%即可以使投资者爆仓。

四是资金存管存在隐患，无第三方存管机制。为了使交易更加方便快捷或者逃避监管，微盘交易平台设置多种支付方式下单，交易资金直接进入微盘平台公司账户，平台可直接控制资金流向，容易引发道德及操作风险，存在交易平台卷款潜逃的可能性。

五是夸大宣传和诱导性交易。微盘交易平台普遍采用电话、微信、QQ群、股吧、网页、直播室等多种渠道宣传造势，这些宣传，打着投资回报高、无风险等名义，用"24 小时 T＋0""1 分钟收益 50％"等用语吸引投资者，诱导投资者进行交易。

4.1.3　微盘交易监管

由于微盘交易属于新型投资方式，相关立法尚未成熟定型，投资者因非法微盘交易行为遭受的损失很难得到有效保护。微盘交易的盛行，造成了不良社会影响，危害社会公共秩序。因此，近些年微盘交易被列为交易场所重点监管对象。

2016 年 4 月，中国证监会发布非法证券期货风险预警提示称，互联网上出现了许多打着"交易简单、操作便捷、回报率高"口号的二元期权网站平台。投资者只需要买涨或买跌，无须考虑价格涨跌幅度，交易行为类似赌博，提示投资人远离此类交易。2017 年 1 月 9 日，在北京召开的清理整顿各类交易场所部际联席会议第三次会议指出，"微盘"交易涉嫌聚众赌博是交易所乱象之一。联席会议指出微盘交易平台普遍存在违法违规、高风险高杠杆、资金安全隐患、投资者保护缺失、违规宣传、诱导性交易、逃避监管的问题，要求各地省级人民政府办公厅按照证监会下发的《微盘交易名单》，对辖区内涉及的和注册的微盘进行关闭清理。根据会议部署，商业银行、第三方支付机构应根据名单于 6 月 30 日前逐步停止为其提供支付、清算、存管等金融服务。

2017 年 3 月 17 日，清整联办下发《关于做好清理整顿各类交易场所"回头看"前期阶段有关工作的通知》（清整联办〔2017〕31 号，以下简称"31号文"）。"31 号文"在附件中对微盘交易平台的特征、存在的违规问题、以及整治措施做了详细说明：

（1）交易模式违法违规，现货交易场所"迷你"版的"微盘"模式违反了国发〔2011〕38 号、国办发〔2012〕37 号文件不准以集中交易方式进行标准化合约交易等禁止性规定；类"二元期权""微盘"模式涉嫌聚众赌博，有的还涉嫌诈骗等犯罪。

（2）资金存管存在隐患，"微盘"交易没有保证金第三方存管机制，交易平台可直接控制资金流向，容易引发首先及操作风险，存在交易平台卷款潜逃的可能性。

（3）投资者保护制度缺失，"微盘"交易客户只需提供手机号码就能注册开户，8 元即可入市交易，投资门槛低、交易简单便捷，且投资杠杆比例达四十倍以上，没有评估投资者的风险承受能力。

（4）涉嫌违规宣传和诱导性交易，一些"微盘"交易平台通过电话、微信、QQ 群、股吧、网页、直播室等多种渠道进行宣传造势，甚至存在诱导性喊单的问题。

（5）涉嫌逃避监管，"微盘"交易平台利用客户投入资金少、维权成本高从而放弃投诉的心理，达到了降低客户实地群访群诉率的目的，但实质上是通过降低单个客户亏损金额来减少投诉，进而逃避监管，严重分割广大小微投资者利益。

整治措施：

（1）根据当地证监局转交的"微盘"名单，限期尽快予以关闭；并利用本地信息科技技术，以名称、营业范围、交易品种、宣传内容等中间带有"微盘""微交易""云交易""投资者交易"等关键字为标准，以及根据其对赌涨跌方向等交易特征，通过微信公众号、手机 APP、网站等进一步摸排本地其他"微盘"交易平台名单，并建立"微盘"交易平台动态监测和清理处置机制。

（2）配合商业银行、第三方支付机构，做好限期停止为"微盘"交易平台提供支付结算服务工作，制订相应的方案，稳妥处理"微盘"交易平台清退关闭的善后事宜。

（3）辖区公安机关开展专项执法行动，严厉打击涉嫌聚众赌博等犯罪行为的"微盘"交易平台。

联席会议结束后，很多微盘平台暂停交易。例如，新华上海贵金属交易中心发布通知，因为业务调整需求，将于 2017 年 3 月 31 日起停止微盘业务

"新华上海掌上金融"的新用户注册和用户入金功能，并将于4月8日暂停交易功能，敦促用户于4月30日前完成出金提现。广东贵金属交易中心公布因业务调整下线微盘业务，平台旗下的广贵投教和微盘宝等微盘业务已经停止交易和充值。

目前，微盘交易清理整顿工作成效显著。2017年网络巡查监测到的微盘交易平台多达3000余家，截至2019年3月，网络监测到在运营微盘交易平台仅有24家，对应9家经营主体。微盘交易乱象得到了有效遏制。

4.2　金融资产交易场所

4.2.1　金融资产交易场所定义

地方金融资产交易所是从事信贷资产、信托资产登记、转让以及组合金融工具应用、综合金融业务创新的金融资产交易市场，为各类金融资产提供从登记、交易到结算的全程式服务，为金融机构资产流动提供承载平台，进一步集约和优化区域间信贷类金融要素资源配置。

目前，金融资产交易场所业务可以分为两类：第一类是基础资产交易业务，直接对金融企业非上市国有产权转让、地方资产管理公司不良资产转让、私募股权、委托债权投资、应收账款等金融资产进行交易；第二类是信息耦合业务，交易所在市场上发挥其中介职能，提供企业投融资信息，登记托管、票据整合等服务。

（1）基础资产交易业务

基础资产交易业务是金融资产交易所的本源业务，典型的基础资产交易业务有：一是委托债权投资业务。有融资需求的企业客户先向银行提出申请，银行将委托债权投资产品在金融资产交易所挂牌；然后，银行通过发行针对该投资产品的理财产品向公众募集资金，募集完毕即在金融资产交易所摘牌，所筹集资金通过受托人账户投向融资方。二是不良资产处置业务。银行、资产管理公司的不良资产在金融资产交易所平台挂牌，进行转让交易。不良金融资产包括不良债权类资产、股权或其他登记出资权益类资产、实物类资产、无形资产等其他权益类资产以及以上两种或多种的组合资产包。注意：如果是交易数字货币或虚拟货币这一类资产（换句话说，这些金融资产可以作为金融交易媒介，诸如游戏币、莱特币、比特币等）也标记为"金融资产权益类"。

（2）信息耦合业务

信息耦合业务，充分发挥了金融资产交易所的信息渠道优势，为交易双方提供中介服务。金融资产交易所的这类业务以票据业务为例。在整个票据交易过程中，金融资产交易所利用网络平台做到了票据信息的整合、汇集、发布。各家商业银行可以通过金融资产交易所业务平台迅速发布，掌握票据交易信息。通过票据信息平台信息资源共享，增加信息流动，减少银行间交易成本，同时降低了银行因需要调整信贷额度而通过一些中介机构进行大规模的票据贴现（转贴现）操作所带来的巨大风险，同时还能有效地加快票据的市场流动性。

4.2.2　金融资产交易场所的起源与兴起

金融资产交易场所（以下简称金交所）的前身是为了解决国内不良金融资产处置需求的地方产权交易所。在产权交易所之前，不良资产的处置是由国家成立的四大资产管理公司负责的。后来由于量太大，四大资产管理公司无法完全消化，于是各地方政府接过了部分工作。但后续的发展让产权交易所的功能逐步脱离了狭义的不良金融资产处置，转而开展更加宽泛意义上的金融资产交易和配置，为解决当地中小企业的融资难等更多的经济金融服务问题。

2010 年 5 月 30 日，北京金融资产交易所有限公司（以下简称北金所）在原"一行三会"、财政部指导下，经北京市人民政府批准成立，是我国第一家正式揭牌运营的专业化金融资产交易机构。在交易商协会的领导下，北金所为市场提供债券发行与交易、债权融资计划、委托债权投资计划、企业股权、债权和抵债资产交易等服务，为各类金融资产提供从备案、挂牌、信息披露、信息记载、交易到结算的"一站直通式"服务。之后，地方政府争相"占坑"，已经从北京、上海等一线城市向一些地级市甚至县级市蔓延。全国各地陆续组建了多家金融资产交易所，还有一些地区建立了金融资产交易中心，大部分金融资产交易所以服务所在地或区域金融资产交易为主。部分金融资产交易所的基本情况介绍见表4－1。

表4－1 我国部分金融资产交易所的基本情况

交易所名称	批准成立时间	批准/监管部门	业务区域	业务种类
北京金融资产交易所	2010年5月	财政部、北京市政府/中国人民银行、财政部、北京市金融局	全国	债务融资工具产品发行与交易、金融企业国有资产交易、债权资产交易、信托产品交易、保险资产交易、黄金交易等，为各类金融资产提供从登记、交易到结算的全过程服务。
天津金融资产交易所	2010年5月	财政部、天津市政府/财政部、天津市金融局	全国	不良金融资产、金融企业国有资产、保险资产、信贷资产、基金资产、租赁资产、小企业贷款、金融企业股权、司法资产、委托债券投资计划以及标准化金融产品和金融衍生品交易。
陆家嘴国际金融资产交易市场	2011年9月	上海市政府/上海市金融办	全国	金融创新产品的咨询、开发、设计、交易等服务；金融类应用软件开发、电子商务；金融市场调研及数据分析；网络投融资平台和金融资产交易服务平台。
安徽省金融资产交易所	2010年7月	安徽省政府/安徽省金融办	安徽	各类金融资产包括不良资产的定向融资计划、投资收益权业务、资产收益权凭证
重庆金融资产交易所	2010年12月	重庆市政府/重庆市金融办	重庆上海	信贷类资产登记、交易；各类应收账款；金融相关托管、结算；组合金融工具应用；综合金融创新业务；小额贷收益权、应收账款、机票、教育等创新债务融资工具。

4.2.3 金融资产交易所乱象

第一家金融资产交易所成立后，金交所在各地野蛮生长，且由于缺乏规范管理，在交易所设立和交易活动中违法违规问题日益突出，风险不断暴露。一些金融资产类交易场所未经批准开展信贷、票据、理财等金融产品交易，有的从事吸存、放贷、资管金融业务，有的还利用互联网平台销售金融产品，将私募产品公募化，游离于监管体制外。一些交易场所脱实向虚，以新金融、金融创新之名从事非法集资、非法证券期货、金融诈骗等违法犯罪活动，扰乱金融秩序，危害社会稳定。

（1）违规拆分

2018年9月，《投资者报》报道山东金融资产交易所有限公司（以下简称山东金交中心）在官方网站销售的"鲁金宝"等一系列产品，采取标的拆分方式，将实质上属于同一发行方的同一发行产品拆分为多个融资项目分散发行、多期发行，变相突破了投资者人数不得超过200人的限制。

山东金交中心销售的"鲁金宝"系列理财产品，分为投资理财新手专区和定期理财专区，新手专区1000元即可起投，分为10天和30天的短期理财，预期年化利率分别为8%和12%。定期理财专区为10000元起投，年化利率分为7.2%和7.5%。以"鲁金宝新手专享2018年第45期1号"产品为例，发行方为济南鲁金，发行规模为92万元，产品期限为30天，募集期为2018年9月12日18：00到2018年9月13日17：55，起投金额为1000元，递增金额为100元，年化利率为8%。而另一款"鲁金宝新手专享2018年第44期10号"产品发行规模为63.9万元，起投1000元起，递增金额100元，期限为10天，年化利率高达12%。值得一提的是，产品合同上注明的"产品登记、交易、结算机构"均为山东金交中心，而最重要的"产品信息披露"项均为空白。

上述"鲁金宝"一系列理财产品的发行方均为"济南鲁金"，这样一来，采取标的拆分的销售方式，将实质上属于同一发行方的同一发行产品拆分为多个融资项目、分散发行，多期发行，变相突破了投资者人数不得超过200人的限制，违反了国发〔2011〕38号文、国办发〔2012〕37号文中的规定。

（2）输血地方债

2017年1月，《21世纪经济报道》发文，温州金融资产交易中心（以下简称温金中心）曾推出"政金宝""政信宝"等为地方政府融资的理财产品。据统计，温金中心曾上线的"政"字头产品多达76只。据其产品公开信息介绍，该业务曾为兴义市、泰州市、通辽市等多地区地方融资平台的应收账款、产业基金等投融资运作。

以"政金宝系列理财产品第 20 期"的产品资料为例,该产品的发行人为通辽市天诚城市建设投资有限公司(以下简称天诚建设),并用于通辽科尔沁工业园区基础设施的建设,且各期总规模为 5 亿元,期限达 2 年。而在该产品的还款来源上,除天诚建设的 6 亿元应收账款质押外,通辽市城投集团还提供连带责任担保,同时科尔沁区财政局也为此次融资出具按时兑付本息的承诺函。

"地方债监管收紧后,金交所也成为一些地方政府融资的渠道。"西南地区一家城投平台负责人表示,"但这种融资模式也酝酿了一些风险,像 2016年发生的一些承诺函作废的事情证明,这些要约承诺很多时候也就是'安慰函'。"

业内人士认为,地方融资平台在地方债纳入规范管理后,其仍然通过金交所进行融资的模式存在一定的合规考验。"合规问题来自两个层面,一个是地方举债是否纳入了正常的人大预算,另一个是金交所定向融资计划的融资形式,是否符合监管要求,目前并没有一个准确的回答。"西南地区一家信托公司业务负责人表示,"像金交所的定向融资计划,本身是一个 SPV(特殊目的载体),类似于信托计划或资管产品,但本身这个 SPV 又没有一行三会的法规规范。"

(3)联姻 P2P

2016 年 8 月 24 日《网络借贷信息中介机构业务活动管理暂行办法》出台以来,受同一家网贷平台借款法人 500 万元、自然人 100 万元限额新政的影响,越来越多的 P2P 网贷平台与金交所合作。金交所为 P2P 提供了一种通道服务,金交所不受大额借款限制,而 P2P 原来的大额资产标的,绕道金交所发行以实现合规化。

P2P 与金交所的"借道"流程主要涉及三个方面——融资方、网贷平台、金交所,其中网贷平台作为资产发行人,将融资方的大额产品推荐到金交所上挂牌,而融资方一般会是和网贷平台有关联关系的小贷公司、资管公司、保理公司等,也可以是直接借款人。挂牌后,网贷平台再把挂牌资产放到平台上完成上述转让或销售。目前有些平台页面上直接挂出金交所的产品,还有一些则是各类计划类产品,这等于是大额标的绕道金交所,经过包装后,又回到平台上向 P2P 投资者进行融资。这种合作模式涉及债权转让、债权收益权转让、定向融资计划等业务类型。

有网贷行业人士表示，由于金交所的经营范围和资产类型很广，在"计划"的包装下，几乎可以装进各种底层资产，是很典型的场外 ABS 产品，相当于类资产证券化，其本质就是利用金交所的牌照，来实施监管套利活动。

此前，地方金交所对接的多为机构投资人，随着通过网贷平台嫁接到 C端市场后，由于 P2P 平台主要是小额投资者，起投金额的起点往往是 100 元，一个大额标的的金交所产品，往往都在几百万元甚至上千万元，投资者数量很容易就超过 200 人的上限。不过，目前不论是金交所还是网贷平台对此条款都采取了一种变通方法——只满足单期募集不超过 200 人，但不管怎样，通过份额加工和转手销售，而其实对应的底层资产早已通过多期拆分覆盖了远远超过 200 人规模。踩了"37 号文""不得将任何权益拆分为均等份额公开发行""不得将权益按照标准化交易单位持续挂牌交易""权益持有人累计不得超过 200 人"的监管红线。

而在网贷平台 13 条负面清单中，涉及自发、代销、类资产证券化、房地产、期货、融资并购等，这些都是禁止业务，也就是说，P2P 与金交所合作从事债权转让、类资产证券化业务等踩了红线。

4.2.4 金融交易场所监管

面对金交所交易乱象，相关监管部门一直致力于清理整顿，金交所也一直是几次清整工作的关注重点。经过多年完善，金交所的发展逐步走向规范化，明确了金交所的业务范围，确定了金交所今后的发展方向。几次清理整顿过后，监管层面划出了金交所"能做"什么和"不能做"什么的底线，也为金交所未来发展留出了空间。表 4-2 对金交所监管政策进行了梳理。

表 4-2　　　　　　　　　　金交所监管政策梳理

发布时间	政策全称	涉及金交所监管内容
2011 年 11 月 11 日	《国务院关于清理整顿各类交易所切实防范金融风险的决定》（国发〔2011〕38 号）	监管执行机构：除经国务院或国务院金融管理部门批准设立从事金融产品交易的交易场所以外，其他交易场均由省级人民政府负责监管

续表

发布时间	政策全称	涉及金交所监管内容
2012年7月12日	《国务院办公厅关于清理整顿各类交易场所的实施意见》（国办发〔2012〕37号）	业务"七不得原则"：不得将任何权益拆分为均等份额公开发行、不得采取集中交易方式进行交易、不得将权益按照标准化交易单位持续挂牌交易、权益持有人累计不超过200人、不得以集中交易方式进行标准化合约交易、未经国务院相关金融管理部门批准，不得设立从事保险、信贷、黄金等金融产品交易的交易场所，其他任何交易场所也不得从事保险、信贷、黄金等金融产品交易
2013年9月13日	《银监会办公厅关于提请关注近期清理整顿交易场所各类风险的函》（银监办便函〔2013〕721号）	（1）点名8家金融资产交易所存在商业银行参与开展委托债权交易业务的情况，明确指出商业银行在此类交易所开展委托债权交易和信贷资产转让业务属违规行为。（2）要求各地银监局密切关注辖内商业银行参与金交所业务的情况并处理违规行为
2014年6月28日	《关于开展各类交易场所现场检查的通知》（清整联办〔2014〕28号）	用三个月左右的时间，对各类交易场所集中开展现场检查
2017年3月17日	《关于做好清理整顿各类交易场所"回头看"前期阶段有关工作的通知》（清整联办〔2017〕31号）	"31号文"以附件形式对金融资产交易场所主要违规交易模式特征、违规问题及整治措施都做了十分详尽的规定
2019年1月29日	《关于三年攻坚战期间地方交易场所清理整顿有关问题的通知》（清整办函〔2019〕35号）	明确了金融资产类交易场所"能做""不能做"的底线

根据"38号文""37号文"规定，实践中，各地方政府交易场所的具体监管执行机构为地方政府金融服务（工作）办公室（金融办）。自2017年第三次交易场所清理整顿工作开展以来，各省、自治区、直辖市、计划单列市金融局（办）开展了一系列清理整顿工作，相继推出金融资产交易场所监管办法，督促违规金融交易场所整改规范。这些监管规范性文件对交易场所有

了更为详细的监管依据。这些监管办法为金融局（办）对金融资产交易场所的行为监管提供了支撑。

从 2017 年初开始，证监会牵头清理整顿各类交易场所部际联席会议，协调督导各地区、各部门开展集中整治，遏制了交易场所违法违规风险漫溢的势头。目前很多地方还希望继续设立金融资产交易所，但在 2018 年清理整顿各类交易场所"回头看"后续工作会议中明确要求严格交易场所审批设立，在交易所整合工作完成前，原则上不得设立新的交易所。

2019 年初，证监会清理整顿各类交易场所部际联席会议办公室下发了《关于三年攻坚战期间地方交易场所清理整顿有关问题的通知》（清整办函〔2019〕35 号）。"35 号文"明确指出，金交所的业务范围限定为依法合规开展金融企业非上市国有产权转让、地方资产管理公司不良资产转让、地方金融监管领域的金融产品交易等。延续此前监管会议及相关文件的要求，"35 号文"再次强调"一行两会"的监管以及"持牌经营"的理念。"35 号文"要求，未经人民银行、银保监会、证监会批准，金交所不得非法从事中央金融监管部门监管的金融业务，不得发行、销售（代理销售）、交易中央金融管理部门负责监管的金融产品。

4.3 贵金属交易场所

4.3.1 贵金属交易场所定义

贵金属交易指投资人在对贵金属市场看好的情况下，低买高卖赚取差价的过程。也可以是在不看好经济前景的情况下所采取的一种避险手段，以实现资产的保值增值。由于世界上的贵金属储量是一定的，所以贵金属可以作为一种保值的工具。因此贵金属有很好的避险功能，可以用来对抗通货膨胀；同时黄金世界通行，在市场上很难被操控，不易造成崩盘的现象；更没有折旧的问题，一周五天可以进行 24 小时交易，让投资者有更多的投资机会。

贵金属交易场所就是为贵金属（含黄金、白银）、有色金属、黑色金属、金属材料、钢材及其制品、矿产品及其原料（不含煤炭）、化学产品（不含危险化学品）、农副产品现货批发、零售、延期交收提供电子交易平台。

4.3.2 贵金属交易场所的起源与兴起

随着稀贵金属价格的不断攀升，相关的投资需求也日益增加，特别是2008年国际金融危机发生后，市场对黄金、白银等金属的投资需求迅速增长，在此背景下，地方金属交易所开始兴起。2008年以来，天津稀有金属交易市场、天津贵金属交易所、广西铟鼎有色金属交易中心、湖南久丰金属交易所等相继开始运营。2011年以来，湖南维财贵金属交易所、昆明泛亚有色金属交易所、昆明泛亚黄金交易所和湖南南方稀贵金属交易所等相继成立或开业。

此类地方金属交易所的交易品种包括黄金、白银、铟、锗等稀贵金属，多采取保证金、T+0、双向的交易模式；较低的交易单位和进入门槛以及相对灵活的交易合同安排，使其一开业便受到市场追捧。2010年天津贵金属交易所交易额超过了1400亿元，2011年6月开业的湖南南方稀贵金属交易所开业1个月成交额超过30亿元。

面对日益增长的贵金属保持较高的景气度，市场交易需求增长，中国的稀贵金属现货交易却只在上海黄金交易所进行，交易品种包括金、银和铂金三类产品；而稀贵金属期货交易在上海期货交易所进行，交易品种只有黄金一种产品；对于铟、锗等稀有金属则没有全国统一的交易市场。同时，上海黄金交易所的夜间交易时间为21：00～03：30，尚不能形成24小时无间断交易；而上海期货交易所没有夜间交易时段。地方性金属交易所的成立满足了其交易需求。

与此同时，与上海期货交易所的资金进入门槛相比，地方金属交易所明显处于低水平，有利于吸引资金的进入，成为地方金属交易所快速发展的重要原因。且中国的稀有金属资源主要集中于湖南、云南、江西、广西等南方省区，这些省区的经济发达程度相对较低，地区经济的发展以及地区影响力的提升比较依赖于这些金属产业。此类金属交易所可以成为提升地区影响力的载体，若此类交易所能够达到预定的经营目标，将带动仓储、物流等相关行业的发展，也有利于地区财政收入和地区经济的增长，因此地方政府有动力支持此类交易所的发展。

4.3.3 贵金属交易场所乱象

一放就乱，用这句话来形容中国的交易所再贴合不过了。2011年以来，我国以黄金为主的贵金属市场发展进入快车道。随着我国黄金市场的市场化改革，国内形成了贵金属现货与衍生品相结合、面向机构和个人的多层次贵金属市场格局。可是，初期贵金属市场发育尚不完善，投资交易体系、投资者保护机制不健全、监管力量薄弱，这些贵金属平台的设立和交易在满足投资者快速膨胀的投资需求的同时，也滋生了破坏市场秩序、损害投资者利益的违法违规事件。2011年11月，国务院发布"38号文"，开始清理整顿各类交易场所。同年12月27日，央行等五部委联合发出《关于加强黄金交易所或从事黄金交易平台管理的通知》，明确黄金交易业务将只保留上海期货交易所和上海黄金交易所，整顿其他黄金交易平台。然而，虽然经历过整顿清理，但贵金属交易场所仍然乱象丛生。

贵金属交易场所由自然人或者企业投资设立，通过出售会员牌照和交易手续费盈利，其交易透明性相对较低，多数并未发布交易数据，以及详细的交易规则。为了获得更多的投资者，获取更多的佣金收益，会员大力发展代理商。而这些贵金属交易平台普遍采用做市商制度，做市商也就是交易所的会员。由于贵金属行业投资者教育、行业规范等市场体系的缺失，一些不法的交易平台，与客户对赌交易，甚至人为提高投资者报价，在盈利的情况下，使投资者不能平仓和投资者无法成功出金等，给客户带来大量损失，严重欺诈投资者。

（1）会员单位违规操作

2012年11月，《21世纪经济报道》发文，青岛华银贵金属交易中心旗下贸易批发类会员机构与代理商（即居间公司，负责发展投资者客户资源）之间，上演着一场类似黑吃黑的"无间道"。数位代理商称，107号会员机构——青岛层峰资产管理有限公司（以下简称层峰公司）承诺向代理商提供高达65%~70%的佣金提成，该提成主要来源竟是投资者净亏损额。当投资者投资亏损产生高额佣金提成后，层峰公司又以客户涉嫌违规交易为由冻结佣金账户，拖欠支付代理商高额佣金提成。

（2）虚假宣传

2012 年 3 月，21 世纪网报道，作为国内首例被公安部门立案调查的黄金交易平台公司——湖南维财大宗贵金属交易所有限公司（以下简称湖南维财），虚假宣传成为湖南维财广受诟病的原因之一。

在湖南维财的官方宣传中，"湖南省政府批准、工商行政管理局登记注册及中国工商银行第三方监管"等字样，让投资者误以为其是黄金期货交易合法的电子交易平台。长沙金融办工作人员称，凡使用"交易所"字样的交易场所，除经国务院或国务院金融管理部门批准的外，必须报省级人民政府批准，"湖南维财根本没经过这些批准程序。"同时，湖南维财宣称的交易过程中资金采用工商银行第三方监管，保障安全。但实际上，其只是和工商银行签订了银商转账协议，并不是第三方监管协议。

（3）地下炒金案件频发

地下炒金在我国部分城市特别是沿海发达城市盛行多年，虽经多次严厉打击，但仍呈不断蔓延之势。2012 年以来，全国爆出多起地下炒金大案，被骗投资者更是数以万计，导致损失惨重甚至血本无归。另外，我国《非法金融机构和非法金融业务活动取缔办法》第十八条明确规定："因参与非法金融业务活动受到的损失，由参与者自行承担。"也就是说，我国法律并不保护"地下炒金"。即使案件被查处，参与非法经营的资金将依法被没收，受害者无法讨回自己的"血汗钱"。

据《新华报》讯，2009 年 4 月以来，浙江东阳人郭建军以香港中天黄金交易公司的名义，在全国各地发展代理，大肆招揽客户炒黄金期货。然而，中天黄金炒买平台其实是一个虚假交易平台，客户投入的资金并不进入资本市场，而是在"内盘"交易中输入电脑，落入庄家口袋。这起震惊国内金融投资界的"中天黄金"地下炒金案，涉案值高达 8000 多亿元。

有媒体总结出地下炒金五大常用手段：一、高额利润诱惑；二、传销手段拉客户；三、先让你盈利再套牢；四、自设软件内部交易；五、一有风吹草动就逃之夭夭。

4.3.4　贵金属交易场所监管

贵金属交易场所乱象爆发后，随着"38 号文""37 号文"的出台，清理整顿贵金属交易场所的大幕拉开。2015 年，中国人民银行、公安部、工商总局、银监会和证监会五部委联合发布《关于加强黄金交易所或从事黄金交易平台管理的通知》。明确指出，除上海黄金交易所和上海期货交易所外，任何地方、机构或个人均不得设立黄金交易所（交易中心），也不得在其他交易场所（交易中心）内设立黄金交易平台，正在筹建的，应一律终止相关设立活动；已经开业的，要立即停止开办新的业务。在部际联办的监督协助下，清理规范了一批贵金属交易所。在越来越严格的清理整顿和查处力度下，出现了两种趋势，诸多贵金属平台或者是代理境外的黄金交易，拉着客户到国外贵金属市场上做交易；或者是在国内依靠金融机构成立白银等贵金属交易平台。

2017 年，第三次"清理整顿"工作开展后，贵金属违规交易基本停止，国内贵金属交易所数量锐减，贵金属交易的违法违规势头得到有效遏制。

4.4　邮币卡类交易场所

4.4.1　邮币卡类交易场所定义

邮币卡市场通常分别就是指邮票、钱币、电话卡。邮——集邮品，包括邮票、小本票、邮资明信片、邮资信封、实寄封、实寄片首日封等一切邮政用品，还包括印花税票。币——钱币，包括流通币（市场流通的纸币和硬币）、贵金属币（金币和银币）、非贵金属币（除金银币外的金属硬币），可以分为国内币和国外币，总之是指可以合法买卖的所有钱币。卡——原指电话卡，现已被 IC 卡替代。

与股市的虚拟交易不同，邮币卡交易采取实物挂牌、实物提取的方式，将原本分散在现货市场的邮票、钱币等收藏品集中分类、托管上市、定价发行。相比国内股市只有上海证券交易所、深圳证券交易所两个交易所，邮币卡电子盘却有很多，包括南京文交所钱币邮票交易中心，广州南方文交所、北京金马甲交易所、北京福丽特文交所等，其中南京文交所钱币邮票交易中心是世界第一家邮币卡交易场所。

邮币卡交易虽然基本照搬股市交易制度，但细节设置上仍有许多差异，例如交易门槛低、交易时间不同、打新中签概率高、可实物提取等。通过详细对比整理，列出以下十点差异：

（1）交易场所。邮币卡目前有数十家交易所，而股票交易目前主要在沪深交易所进行。

（2）交易时间。多数邮币卡交易时间为周一到周六，上午9：30～11：30和下午13：00～15：00，而股市交易时间为周一到周五。

（3）交易机制。邮币卡可做 T+0 日交易，即当日买入的品种可以当日卖出；A 股主要以 T+1 日交易为主，即当日买入的股票需要到第二个交易日才能卖出。

（4）交易门槛。邮币卡最低的买卖数量都是 1 枚，交易门槛低，最低交易额低至几十元甚至几元；而股票买入至少是一手（100 股），交易额至少也是上百元。

（5）交易费用。目前邮币卡投资者所需承担的交易费用，即交易佣金，不同的交易所收费标准不同；A 股除交易佣金外，还要收取印花税和过户费（仅沪市），不过以目前 A 股最低能达到的 3‰佣金率和卖出时 0.1% 的印花税计算，买卖交易成本基本相当。

（6）申购新品。申购新品是邮币卡的主要盈利点，投资者既可以市值申购也可以现金申购，不过两者之间比例不同。按照上市新品可申购部分，其中 70% 分配给按持仓市值申购的投资者，而余下 30% 则分配给用现金申购的投资者，且市值申购无上限，各文交所略有区别。而 A 股网上配售必须按市值配售，不同上市公司网上配售比例各不相同。此外，各文交所打新资金占用时间也不同。实际上，由于邮币卡电子盘打新是按照最少中签 1 枚来计算，只要资金具有一定规模，大多数都能中上几枚或者几十枚；而股市打新还要配号，每个配号 1000 股或者 500 股，中签概率远低于邮币卡的新品申购。

（7）除权。邮币卡电子盘定向托管和放开托管，登记日以后，正式上市日不除权；A 股配股之后要除权。

（8）涨跌幅限制。首日上市，邮币卡电子盘涨幅限制为 100%，A 股为 44%，日常涨跌幅限制均是 10%。

（9）资金存管。想要在邮币卡电子盘上交易，不同的文交所有不同的指定开户行，开户之前需仔细查看；而在 A 股开户，基本所有银行都能对接。

（10）提货制度。邮币卡电子盘以实物作为交易标的，允许从交易所申请提取现货藏品，在股市上被套者常有将股票留给儿孙后代的念头，而这个想法在邮币卡电子盘市场倒是比较现实；提货数量是该藏品的最小提货数量及整数倍。而 A 股为电子化交易，股票无实物可以提取。

投资交易方式：

（1）挂牌交易，如果你手上有邮票，可以拿到文交所来挂牌出去交易。

（2）竞价交易，是指若你有一张十分珍贵的邮票，比方说 1980 年的猴票，现在市值在 1.2 万～1.3 万元，你可以拿出来拍卖，有人竞价即可成交。

（3）就是现货托管交易，它类似于目前的股票交易，即藏品通过交易中心上市之后，参与者可以通过这个平台进行与股票交易相类似的时时交易。

4.4.2　邮币卡类交易场所的起源与兴起

2014 年以来，邮币卡平台在全国各地涌现，打着金融创新和文化复兴的幌子组织违规交易，主要平台的日均交易金额可达 20 亿元以上。

2011 年设立的南京文交所搭建了网络交易平台并提供实物保管服务，允许办理了托管的委托人将托管物划分为均等份额，在平台上发行存托凭证并交易。这实质上建立了有别于传统现货交易的电子盘交易模式。

特定品种邮币卡批量交易证券化、交易标的物非移动化，为电子盘的开展提供了便利。2013 年，同样采取实物集中托管的南京文交所，将此前用于文化艺术品（字画、老酒、旧家具、文玩等）的电子盘模式复制到邮币卡交易中，所有邮币卡存托凭证的发行与交易全部通过计算机进行，市场参与者通过电脑和手机客户端完成托管、发行、申购、交易等具体操作。这样一来，表明邮币卡所有权的纸质凭证被电子凭证取代，邮币卡交易实现了无纸化、电子化，这种电子化交易平台被称为邮币卡电子盘。

这一模式因交易便利、吸引了更多市场参与者并且最终推高了特定邮币卡品种的市场价格，很快被复制推广，各地原有的以及新设的文交所纷纷开展邮币卡电子盘业务。与此同时，线下邮币卡交易市场由于受到在线商品交易和电子盘的冲击，也面临业务转型，普遍以设立关联公司的形式开展经营电子盘业务。在文交所和邮币卡交易市场之外，某些地方大宗商品交易所也开展邮币卡电子盘业务。在这三类市场的共同参与下，邮币卡交易场所在全国遍地开花。

4.4.3　邮币卡类交易场所乱象

邮币卡类交易场所，以邮资票品、钱币、磁卡为交易对象，进行现货发售，即持有人向交易场所提交一定数量藏品托管后，拿出一定比例供客户申购，摇号中签确定申购结果后次日开始连续集中交易。具体而言，该交易模式分为发售和交易两个环节，其中，发售环节包括托管、评审、发行、申购、中签等步骤，交易环节采取集中竞价、连续竞价、电子撮合方式，全额付款，T+0日交易，一般设定10%的涨跌停板。

邮币卡类交易场所涉嫌大量违法违规现象：

1）交易涉嫌违法违规。邮币卡类的现货发售模式交易环节采用集中连续竞价、T+0日交易，违反了国发〔2011〕38号、国办发〔2012〕37号文件关于不得采取连续集中竞价进行交易、T5等有关规定。有的交易场所与发行人串通虚拟发行，并无相应的产品入库，有的甚至直接或通过关联方做庄交易，涉嫌诈骗等犯罪。

2）价格易操纵且波动大。现货发售模式与证券发行上市类似，但申购藏品占极少比例（5%左右），上市交易后，藏品持有者可通过控制、减持等方式操纵价格并套现。产品上市后，大多数交易产品价格走势为"过山车"行情，价格被庄家迅速拉升，高出市场价格的几倍甚至几十倍，引诱投资者高位接盘，随后价格连续跌停，大量投资者被洗劫一空。

3）藏品实物托管的真实性存疑。交易品种经平台封闭交易和人为炒作。价格严重脱离实际、实物交收比例不高。由于交易类似虚拟炒作，藏品实物托管是否存在、真实、足额存疑，藏品持有人可以同一批产品，在不同交易场所反复发行套利，涉嫌诈骗等犯罪。

（1）涉嫌诈骗

2017年4月，和讯网报道，数百名投资者对九州邮币卡的实名投诉，投诉者称"九州邮币卡长期纵容旗下众多经纪会员单位（如天津银浩荣丰公司、郑州中汇鹏祥商贸有限公司），不断翻新骗术，诱骗投资人高位接盘，使无数投资人血本无归、家破人亡"。

九州邮币卡交易平台旗下多个号段（如0575002号段、7777号段，0998

号段等）在网上进行虚假宣传，以原始票 10 倍到 20 倍上涨为诱饵，以股市原始股举例，推荐三人至几十人甚至几千人不等，手持九州邮币卡交易中心开户表加身份证或配售表加身份证拍照进行开户和配售，持仓交易所指定的票，指定买入之后，完全任由交易所说了算。经常先是跌停几天，然后说涨，然后继续跌停，引起大家恐慌性抛盘，最后随便找个理由停盘。

（2）操纵价格

澎湃新闻梳理 2017 年以来法院判决的 16 起邮币卡诈骗案发现，一些交易所上线邮币卡电子盘后，不直接发起邮票交易，而是招募一些持有邮票的公司，经过交易所审核后，允许其在该平台电子盘上发起邮票交易。交易所从中收取比例不等的手续费或管理费。实际发起邮票交易的公司，就成为交易所的"会员单位"，会员单位的合伙人则成为"代理商"。

以涉及河南远洋恒利邮币卡交易中心平台（以下简称远洋恒利交易平台）的案件为例。2016 年 5 月，南京瑞炎公司负责人韩某与远洋恒利交易平台约定，由韩某在该平台发起"中国探月""东北林海""故宫博物院"三种邮票仿证券形式（T+0 方式）进行交易。据远洋恒利交易平台员工陈述，上述三种邮票由南京瑞炎公司托管到中工美［中国工艺美术（集团）公司］，中工美通过审核邮票的真伪，出一份合同，其中包括对邮票的鉴定结果和托管函，远洋恒利交易平台拿到合同后，再与南京瑞炎公司协商发行邮票的事情。该员工称，发行邮票时，平台会对该会员公司设定几个固定的交易号段，并对交易双方各收取交易额 5‰的手续费。

在交易平台发起上述交易后，韩某利用自己掌控的数量优势，指使数人在该平台开设账户倒手交易，控制邮票价格、涨跌幅度及交易量，操纵邮票价格从几元抬升至几百元高位。"通过控盘让客户在高位将邮票买入，再让邮票跌停，客户低位将邮票卖出，从中赚取差价。"

4.4.4　邮币卡类交易场所监管

第三次清理整顿"回头看"工作开展以后，要求邮币卡类交易场所不得采取类似证券发行上市的现货发售模式，不得开展连续集中竞价交易，不得操纵市场价格，要限期停止邮币卡等违规交易。对于此类违规交易模式，要果断采取措施，控制交易场所、主要庄家的人员和资金，防止卷款潜逃。要求交易场所停止新开户、停止上线新品种、停止新增会员、停止业务宣传的基础上，对现有的交易品种，需采取以下措施：

（1）禁止藏品发行人减持套现，确保已进入流通的产品数量不再新增；

（2）交易环节停止集中竞价交易模式，采用协议转让等合规交易方式逐步消化现有存量；

（3）产品存续期结束时，若产品处于高位横盘阶段，如交易场所此前承诺兜底回购的，要督促其按照承诺价格回购；

（4）监控交易场所和藏品发行人资金。

同时，提前做好风险处理和维稳预案，一旦出现风险事件，做好交易数据固定、交易场所和藏品发行人资金冻结、仓库存货核查等工作。

第三次清理整顿"回头看"工作开展后，全国邮币卡类交易场所大多已停止违规交易，邮币卡类交易场所清理整顿工作取得明显的阶段性成效。但2017 年 7 月 11 日，清整联办在北京召开《邮币卡类交易场所清理整顿工作专题会议》，认为清理整顿工作仍然存在一些不容忽视的问题：一是少数邮币卡类交易场所仍在开展违规交易，甚至发行新产品，造成了不良的示范效应。二是一些已经暂停交易的违规交易场所，没有彻底整改规范的态度和决心，虚与委蛇，消极应对，伺机卷土重来。三是个别地区对邮币卡类交易场所违法违规的危害性认识不足，还存在拖延观望情绪，影响了清理整顿整体进程和效果。会议要求停止整顿采用现货交易模式的邮币卡类违规交易；尽快制订风险处置预案，对涉案人员及财产严加管控；各省级人民政府要对辖区内邮币卡类交易场所逐一摸底排查，全面掌握各交易场所的违法违规事实。稳妥推进邮币卡类交易场所清理整顿业务，防范化解风险。

第五章 地方交易场所治理
相关问题及建议

目前，我国交易场所监管构架已具雏形，国家政府主管部门、地方省级人民政府和相关行业协会构成了顶级、国家级和地方级部门多渠道共同完成地方交易场所监管工作。根据证券、期货等法律法规规定，中国证监会负责监管的主要交易场所①包括证券和期货交易所等；省级人民政府按照属地管理原则负责除经国务院或国务院金融管理部门批准设立从事金融产品交易的交易场所外的其他交易场所的日常监管、违规处理和风险处置；人民银行负责监管上海黄金交易所等。

在地方交易场所监管方面，我国则形成了中央和地方协同监管的格局，由中国证监会牵头，发展改革委、科技部等20多个部委共同组成清理整顿各类交易场所部际联席会议②，主要职责是统筹协调有关部门和省级人民政府开展各类交易场所清理整顿工作，督导建立对交易场所和交易产品的规范管理制度；同时，依据国务院发布的国发〔2011〕38号文和国务院办公室下发的国办发〔2012〕37号文件，地方交易场所由省级地方政府审批和监管，联席会议不代替国务院有关部门和省级人民政府的监管职责。对经国务院或国务

---

① 中国证监会负责监管的交易场所包括证券交易所和期货交易所，具体包括上海证券交易所、深圳证券交易所；上海期货交易所、大连商品交易所、郑州商品交易所、中国金融期货交易所；此外，根据国务院相关文件规定，证监会还负责监管全国中小企业股份转让系统有限责任公司。

② 具体职责为：（一）在国务院的领导下，会同有关部门和省级人民政府，明确任务分工，加强协调配合，切实有效地贯彻落实国务院关于清理整顿各类交易场所的方针和政策。（二）研究清理整顿各类交易场所的相关法律法规和政策文件，提出完善相关法律法规和有关规章制度的意见和建议，提供政策解释，组织制定有关规章。（三）统筹协调、督促、指导省级人民政府开展各类交易场所清理整顿工作。（四）根据相关单位的要求，组织有关部门和省级人民政府对各类交易场所涉嫌违法证券期货交易活动进行性质认定，并由证监会依法出具认定意见。（五）督导有关部门和省级人民政府建立对交易场所和交易产品的规范管理制度。（六）对省级人民政府拟批准设立的交易所提出意见。（七）汇总各部门、省级人民政府报送的清理整顿各类交易场所工作情况，并及时上报国务院。（八）国务院交办的其他事项。

院金融管理部门批准设立从事金融产品交易的交易场所，由国务院金融管理部门负责日常监管。其他交易场所均由省级人民政府按照属地管理原则负责监管，并切实做好统计监测、违规处理和风险处置工作。

然而，尽管地方交易所已经经历多次大规模的清理整顿，但由于历史和客观因素，地方交易场所乱象频出，屡屡出现违规违法现象，地方交易所的"合规化"进程前路漫漫。本章根据地方交易所当前现状，结合国家各部门职能情况和业内人士意见，归纳出以下问题及建议。

5.1　加强地方交易场所顶层设计

目前，经过2017年第三次地方交易场所清理整顿，存在现货对赌、邮币卡炒作、私募债等乱象的各类违规交易活动基本被叫停，涉及的交易场所纷纷关停并转。但是，地方交易场所的监管仍存在不完善之处，其没有专门的法律约束，地方金融监管部门也存在监管能力、监管意愿不足的难题。因此防范违规交易再次死灰复燃对监管者是持续的考验。交易场所虽设在全国各地，但投资者来自全国，如果不采取统一监管，各地规章制度、法律之间就会"打架"，出现监管的灰色地带。而不法分子利用监管条块分割现状，打"擦边球"，使得有省级政府批文的交易场所也走向"邪路"。如果不改变目前金融分散监管的局面，历史还会重演。

近年来，为推动地方各类交易场所规范发展，国家有关部门和地方人民政府陆续出台了一批政策规章，有关交易场所的监管制度不断完善。

国发〔2011〕38号、国办发〔2012〕37号文件确立了地方各类交易场所规范发展的基本政策要求和合规底线，并对地方各类交易场所的审批设立、监管职责、违规处理和风险处置等作出了制度安排。国务院有关文件对农村产权流转和交易、公共资源交易平台等特定领域交易场所发展作出了相关规定。一些联席会议成员单位根据各自监管职责，陆续出台了一批加强本领域交易场所管理的政策规定。此外，相关法律法规对交易场所违法行为的惩处作出了相应规定。交易场所涉嫌非法证券期货活动的，可依照《证券法》《期货交易管理条例》予以行政处罚。交易场所及其责任人员涉嫌诈骗、非法集资等犯罪活动的，可依照《刑法》进行刑事打击。

各地有关交易场所的管理规则正在逐步建立完善。国发〔2011〕38 号、国办发〔2012〕37 号文件明确要求，各省级人民政府要制定本地区各类交易场所监管制度，明确各类交易场所监管机构和职能，加强日常监管，建立长效机制。各地可根据法律规定及相应授权，制定符合本地实际需要的地方性法规、规章或规范性文件。截至目前，全国已有 26 个省（自治区、直辖市）出台了交易场所管理规则。当然，地方各类交易场所的制度规定仍存在一些不完备、不明确之处，需要根据实践经验逐步修改和完善。

不断完善交易场所监管制度，保持全国政策统一，提高监管的权威性和有效性，对于督导交易场所严守合规底线、服务实体经济、防控金融风险和保护投资者合法权益具有十分重要的意义。因此，推动有关部门和地方政府认真总结清理整顿各类交易场所的实践经验，健全完善各类交易场所相关领域和地方监管规则，积极研究论证在国家层面出台交易场所监管规则的方式方法，进一步增加地方各类交易场所的制度供给，促进地方交易场所逐步走上规范发展道路。

5.2　建立统一市场监管主体

随着我国经济社会的发展，各类新型交易场所层出不穷。新生事物的产生，其认知、管理需要一定的过程。在这个过程中，由于我们缺乏对这些新生事物的认识，更缺少可资借鉴的管理经验，近十年出台的"38 号文""37号文"，显然预测不到新型交易平台的交易品种、交易模式带来的法理冲突与监管空白，新型交易平台、新型交易品种、新型交易模式的出现，使得"没人管、没法管"成为交易场所不得不面对的尴尬现实。在中央和地方双层监管地方交易场所的情况下，其监管职能和监管对象缺乏统一的制度安排。在实际监管过程中，易存在监管职能分散、监管边界不清和多头监管等问题，容易引发主观和客观上的监管缺位。

例如，近一两年突然涌现的大数据交易所、数字交易中心如何监管，成为公众关心的问题。事实是，对数据、数字交易中的各种信息还没有进行清晰界定，可能出现大数据、数字交易中的泄露、非法使用个人信息等行为。还有，比如各地的金融资产交易场所，线上、线下业务跨度大，难以明确单一监管主体。有的金融交易场所系第三方中介角色，有的系第四方登记备案角色，有的服务范围有区域限制，有的不存在区域限制。跨地域经营问题不解决，就会出现政策套利的情形，把原本那些跨地域通过区域股权交易中心发行私募债的企业推向交易平台，进而使风险大量堆积在交易平台。此外，这些交易平台的类资产证券化品种的归口管理也是一个问题。

统一有效市场监管主体的缺失，导致出现了两大问题，一是交易平台并不是接受的统一的监管规则约束，可能出现"逆向选择"，交易平台倾向于选择对自己有利的监管要求，在选择适合于自身情况的区域、行业设立交易场所；二是存在一些交易平台活跃在灰色地带，造成了既百花齐放又鱼龙混杂的局面。针对这样的困局，在地方交易场所监管上，成立一个类似英国金融行为监管局、德国联邦金融监管局的超级监管机构，或许是可行选择。

5.3　推动整合地方交易场所

目前有些类别的交易场所数量多且分散。比如，按产权的属性不同，有国有产权交易平台、集体产权交易平台和私人产权交易平台。国有产权交易平台按交易国有产权的品种不同，一般与其相应的政府管理部门对应。区域内有国有资产管理委员会经营国有企业的国有资产的产权交易；财政局经营行政事业单位的国有资产的产权交易；国土局的土地交易中心管理土地使用权的产权交易，矿权交易中心管理矿业权的产权交易；房管局下设房产交易中心管理房产的产权交易；林业局管理林权的产权交易，知识产权局管理知识产权的产权交易，银行不良金融资产的产权交易则由国家的金融资产管理公司来完成；区域的公共资源交易则分散在政府设置的职能管理局中。

规范地方交易场所发展一定会涉及名目繁多的交易场所的融合发展。2017 年 5 月的清理整顿各类交易场所"回头看"工作交流会就指出，各地区要以是否有利于服务实体经济为标尺，尽快推动交易场所按类别有序整合，原则上一个类别保留一家。因此，可以借助政府的力量，以某一核心交易场所为基础，整合现有各交易场所，实现监管机构统一、信息发布统一、交易规则统一、审核鉴证统一和收费标准统一。例如，区域产权交易中心可以利用电子商务技术，构建一个各专业交易所共同使用，政府各监管部门共同监督的开放性、综合性产权交易平台。

5.4 全方位治理地方交易场所

我国地方各类交易场所类别众多，涉及大宗商品、文化产权及艺术品、金融资产、国有产权、农村产权、林权、矿权、知识产权、碳排放权、排污权等多个类别，交易品种多样，情况十分复杂。因此，治理交易场所不仅仅需要加大对责任主体的监管引导、追责处罚，在治理环节上，更应进行"全方位的立体战"。

所谓"全方位的立体战"，就是各个主管部门联合作战、协调联动，形成全行业治理"一盘棋"。一是加强对服务各类交易场所的软件系统建设方的资质管理，加强对此类建设方的约束。市场上的部分软件系统建设方经常游离于监管之外，由于竞争激烈，以经济利益为首要目标，缺乏必要约束，为没有政府批文的交易场所提供技术支持，或者为有批文的交易所，为没有报备、超范围经营的交易业务和品种提供交易环境。二是增强为各类交易场所提供银行结算支付的审核要求，卡住银行结算支付这个"咽喉"。要求银行不准给没有省级批文的地方交易场所、不准给有省级批文但没有报备的品种和交易模式的交易场所提供银行接口和服务。三是对地方交易场所开设网站、广告宣传等增大审核要求，使得不符合要求的交易场所拓展业务受到限制。对无省级批文的地方交易场所、有批文但没有报备交易品种和交易模式的交易所限制其在互联网上开设网站，并禁止其相关业务宣传，从这些环节入手，倒逼交易场所守规经营或者震慑其不去跨越业务边界。四是树立地方交易场所维权纠纷权威案例，明确地方交易场所的法律业务边界和投资者的责任边界。目前，国发〔2011〕38号、国办发〔2012〕37号文是投资者维权者经常使用的法律依据。然而在实际的司法实践中，出现了同类型案件判决结果不一致的情况，对司法机关、律师、地方交易场所、投资者和监管部门造成了极大困扰。同时，这种情况还衍生出了一种现象。近几年来，出现少数专业"维权律师"和"维权公司"，把"38号文""37号文"当成了致富的武器，左右通吃。一些"投资者"在一些交易平台建A、B仓，亏了钱的仓位就去维权，把"38号文""37号文"当成了"维权武器"，野蛮维权甚至围攻地方交易场所和政府部门，造成社会和舆论的不良影响。因此，亟须树立地方交易场所维权纠纷的权威案例，明确地方交易场所的法律业务边界和投资者的责任边界。

5.5　运用技术手段管理地方交易场所

我国地方交易场所监管方式较为传统，且监管部门多有金融背景，缺乏对技术的理解和运用，往往难以想到通过技术手段配合地方交易场所管理，需要依靠大量人力进行集中摸底、现场排查工作。在人员配备不到位的情况下，针对情况复杂的地方交易场所无法有效地进行持续性跟踪，易造成监管效率不足、形成监管死角。主要体现在：

（1）地方交易场所业务新情况、新动向发现难。地方交易场所遍布全国，借助网络业务辐射广。同时，地方交易场所业务持续创新、常常在灰色地带徘徊，调整变化快。传统的线下摸排、登记备案的监管方式，易造成信息缺失及时间滞后，难以及时掌握新情况、新动向。

（2）真实运营情况难掌握，高风险平台预警难。通常，地方交易场所产品信息公开不足、资金流向信息缺失，外部难以掌握真实运营情况。同时，地方交易场所违法违规行为隐蔽性高、迷惑性强，难以及时预警高风险平台。

（3）涉及用户众多、资金量大，平台处置难。地方交易场所通常涉及投资者多、资金量大，处置不当容易引发平台风险加速爆发，甚至群体性事件。因此，当发现高危平台时，造成难以公开平台真实风险、平台出事后无有效机制引导平台平稳关闭、有序退出的情况。

因此，管理地方交易场所应技术与管理并重。在监管上，不仅要充分运用行政法规，还要善于运用互联网技术，用技术管理技术产生的问题。技术主要发挥三方面作用。一是解决管理难以解决的问题，通过全网巡查，及时发现互联网上未纳入监管的平台，对明显涉及违规或诈骗的交易场所及时介入，将未纳入监管的平台及时纳入管理；二是通过舆情等信息流监测，对风险监测拾漏补缺，尽可能发现涉嫌权益拆分、集中交易等通过资金流向直接监测无法发现的行为；三是贯穿监管，监管协调性是影响监管效果的重要因素，而当前中央和地方、地方和地方之间存在严重的信息不对称，应通过建立中央和地方监管联动和信息共享平台，形成全国"一盘棋"的监管机制。

参考文献

［1］何亚斌．中国产权市场发源地考［J］．产权导刊，2018（5）：27－34．

［2］武汉光谷联合产权交易所．从1到N：湖北产权市场30年发展与探索［J］．产权导刊，2018（5）：35－40．

［3］郭斌，谢华军．欠发达地区区域性资本市场发展探析——以新疆为例［J］．西部金融，2018（2）：54－58．

［4］白春梅，杨江丽．区域性股权市场国内研究综述［J］．时代金融，2017（7）：190－191．

［5］刘毅婧．中国产权交易市场发展问题分析［J］．企业改革与管理，2016（8）：94．

［6］管妮娜．对武汉产权交易市场的观察与思考［J］．江汉大学学报（社会科学版），2015（2）：87－91．

［7］文慧．"中国产权市场从这里起步"主题展览活动暨中国产权协会三届六次常务理事会在武汉举行［J］．产权导刊，2018（6）：28－29．

［8］李明明，张榆，刘彩萍．邮币卡交易所整顿困局［J］．财新周刊，2017（40）：60－64．

［9］包艳龙．"微盘"交易的风险点［J］．中国金融，2017（7）：99．

［10］程相镖．微盘交易平台调研与思考［J］．全国流通经济，2017（29）：68－69．

［11］邓亮．现货电子交易犯罪侦查对策［J］．山东警察学院学报，2017（29）：60－67．

［12］寰宇．金融资产交易中心：新政下资产管理行业新宠未来金融创新的大趋势［J］．中国战略新兴产业，2017（10）：64－65．

［13］高杨，董耀平．对金融资产交易场所发展中的问题分析［J］．产权

导刊，2017（4）：51-54.

[14] 曲胜. 金融资产交易所——构建信贷转让市场的着力点 [J]. 银行家，2011（9）：58-61.

[15] 王淞. 金融资产交易所与 P2P 合作风险亟须关注 [J]. 大庆社会科学，2017（6）：116-117.

[16] 陈文. 互联网金融平台和金融资产交易所（中心）合作模式及其规范 [J]. 上海金融，2017（3）：50-53.

[17] 宿春翔. 贵金属交易所资金第三方存管系统的设计和实现 [D]. 厦门：厦门大学，2012.

[18] 刘雪城. 地方金属交易所林立的思考 [J]. 中国投资，2011（10）：92-95.

[19] 周正兵. 我国文化产权交易所发展状况、问题与趋势 [J]. 深圳大学学报（人文社会科学版），2017（1）：75-80.

[20] 邢振明. 文交所应规范管理 [J]. 中国金融，2017（2）：103.

[21] 凌文杰. 银商转账结算模式面临风险 [J]. 银行家，2017（4）：62-63.

[22] 朱冲，马新凝. 邮币卡电子盘犯罪类型、侦查难点及对策 [J]. 中国刑警学院学报（人文社会科学版），2019（2）：54-60.

[23] 对十三届全国人大一次会议第 2396 号建议的答复 [EB/OL]. http://www.csrc.gov.cn/pub/zjhpublic/G00306201/201808/t20180831_343351.htm.

[24] 石嘉莹. 基于案例评析我国大宗商品现货交易市场的法律困境及改善路径 [J]. 金融发展研究，2016（8）：41-49.

[25] 吴志勇. 我国地方交易所业务发展的路径选择 [J]. 当代金融家，2018（2）：152-153.

[26] 祁红，张艳萍，郑境辉. 地方交易所风险分析及其发展建议 [J]. 金融发展评论，2016（3）：93-95.